LIONS, TIGRES ET OURS

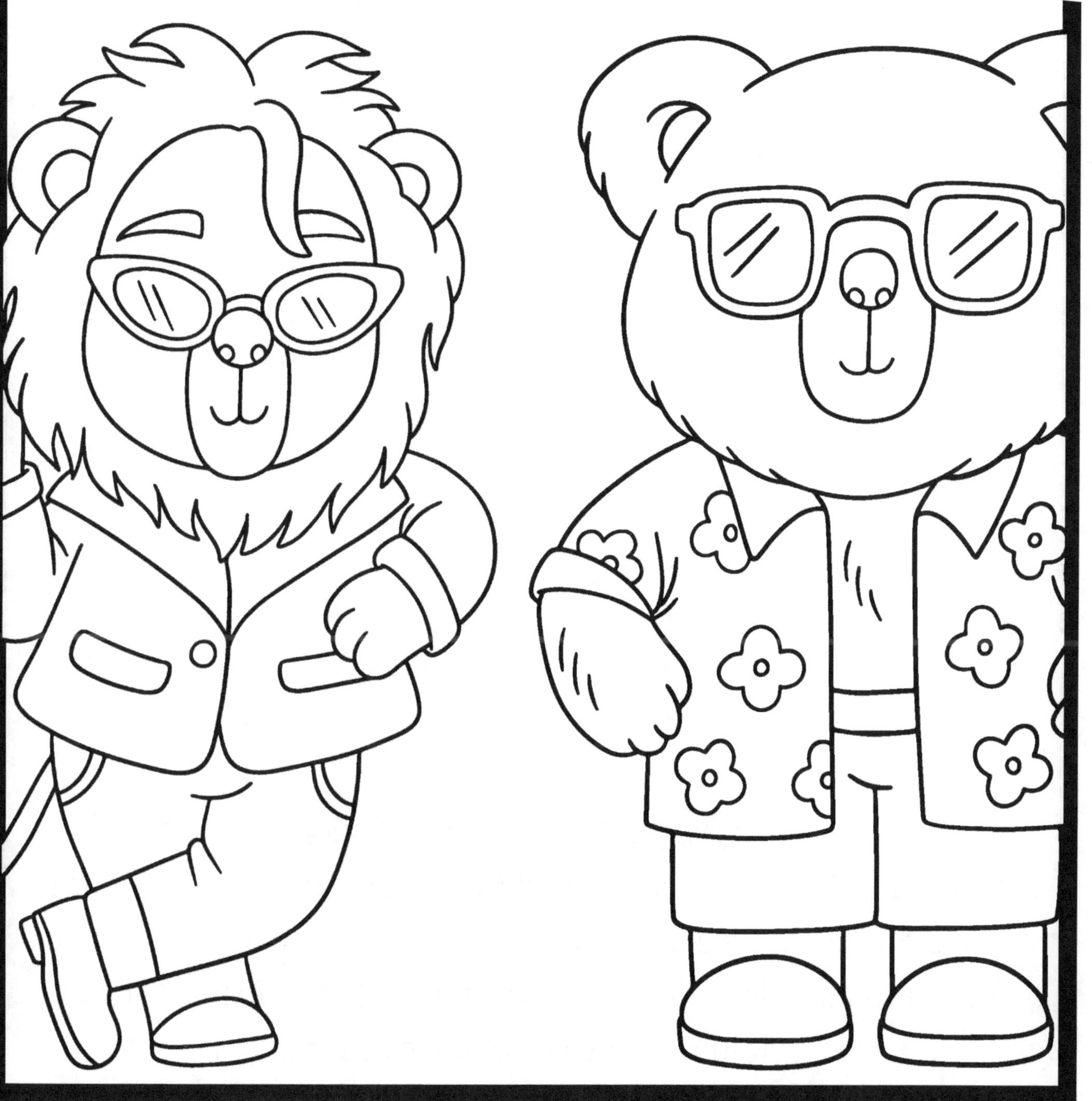

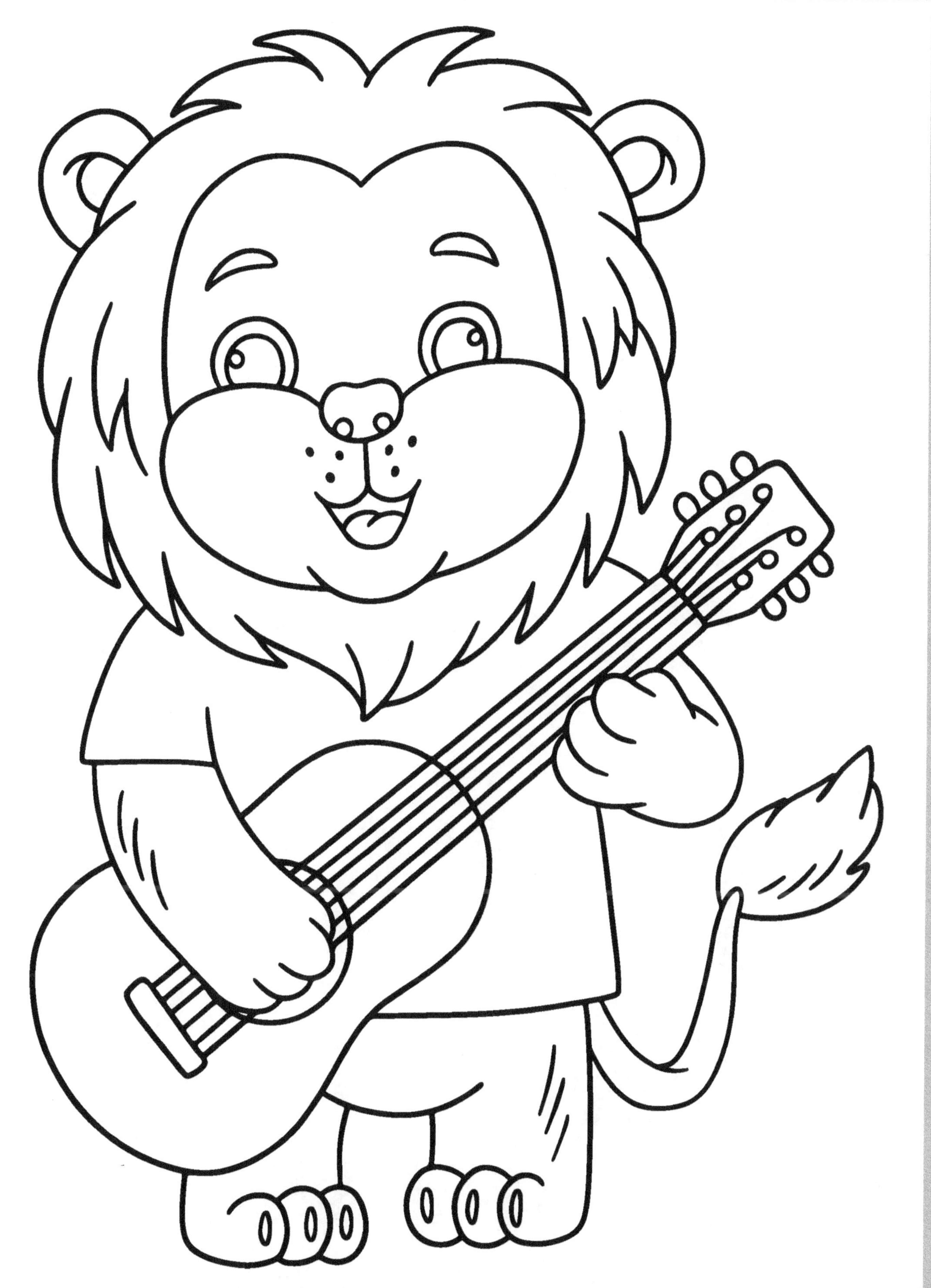

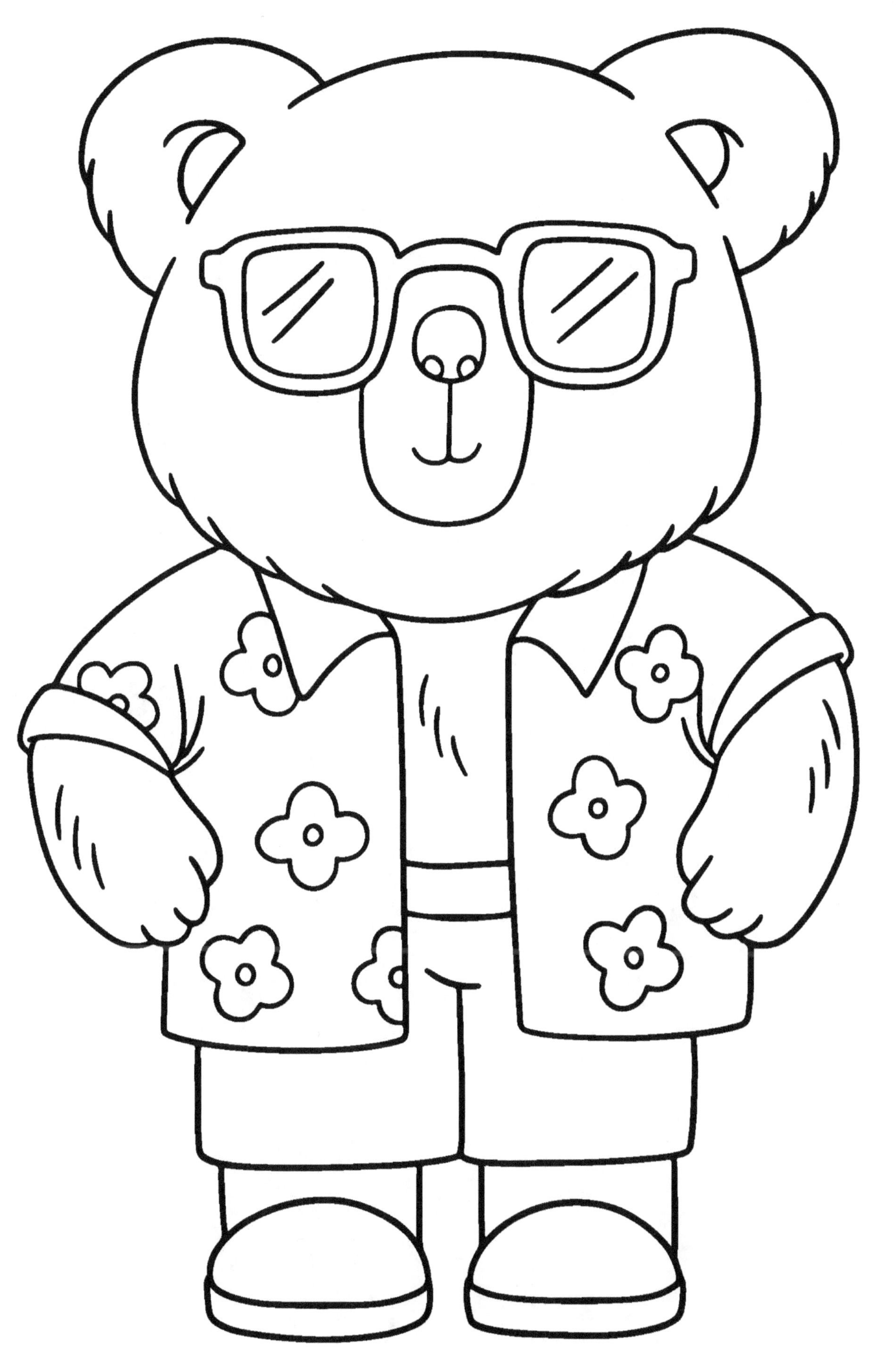

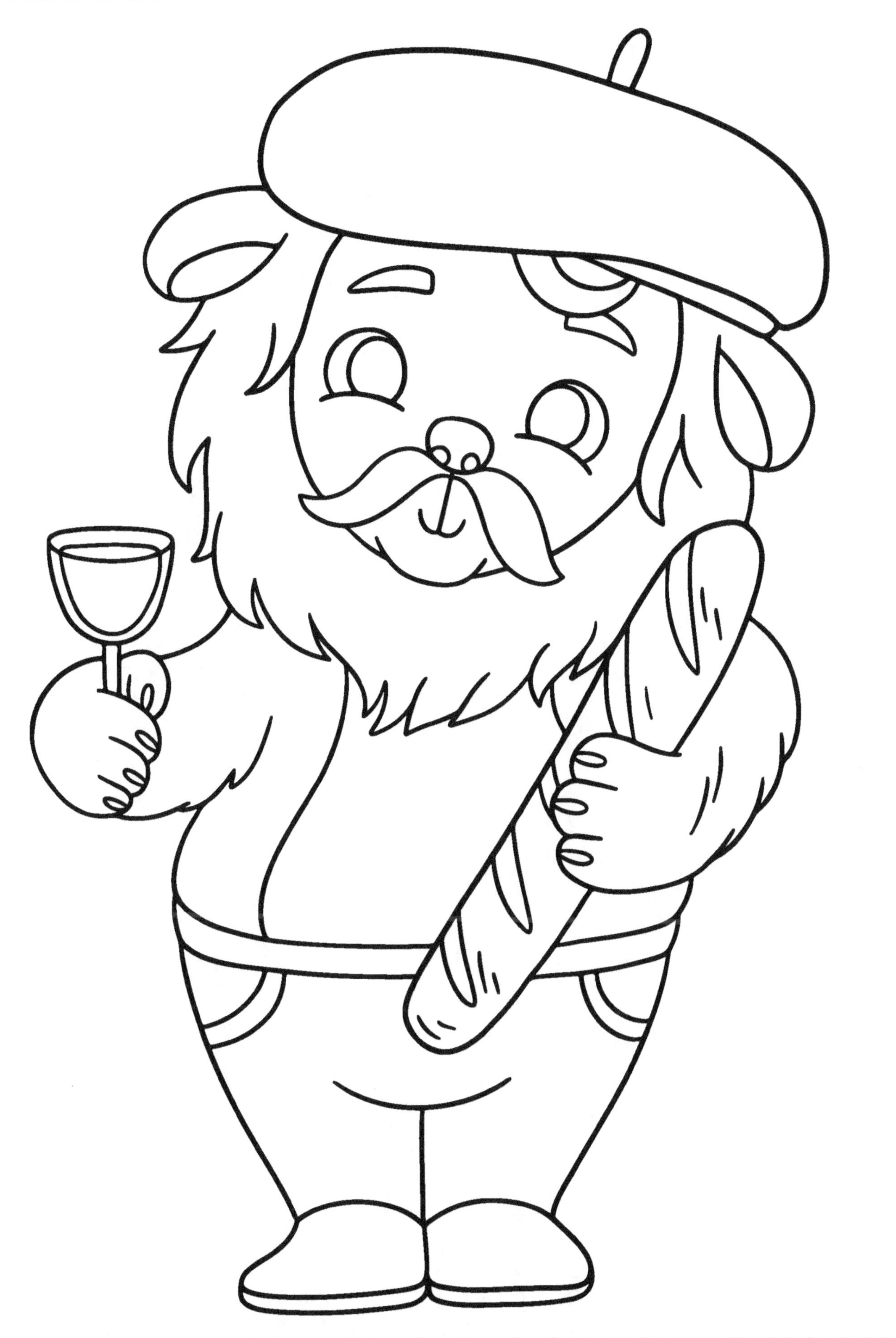

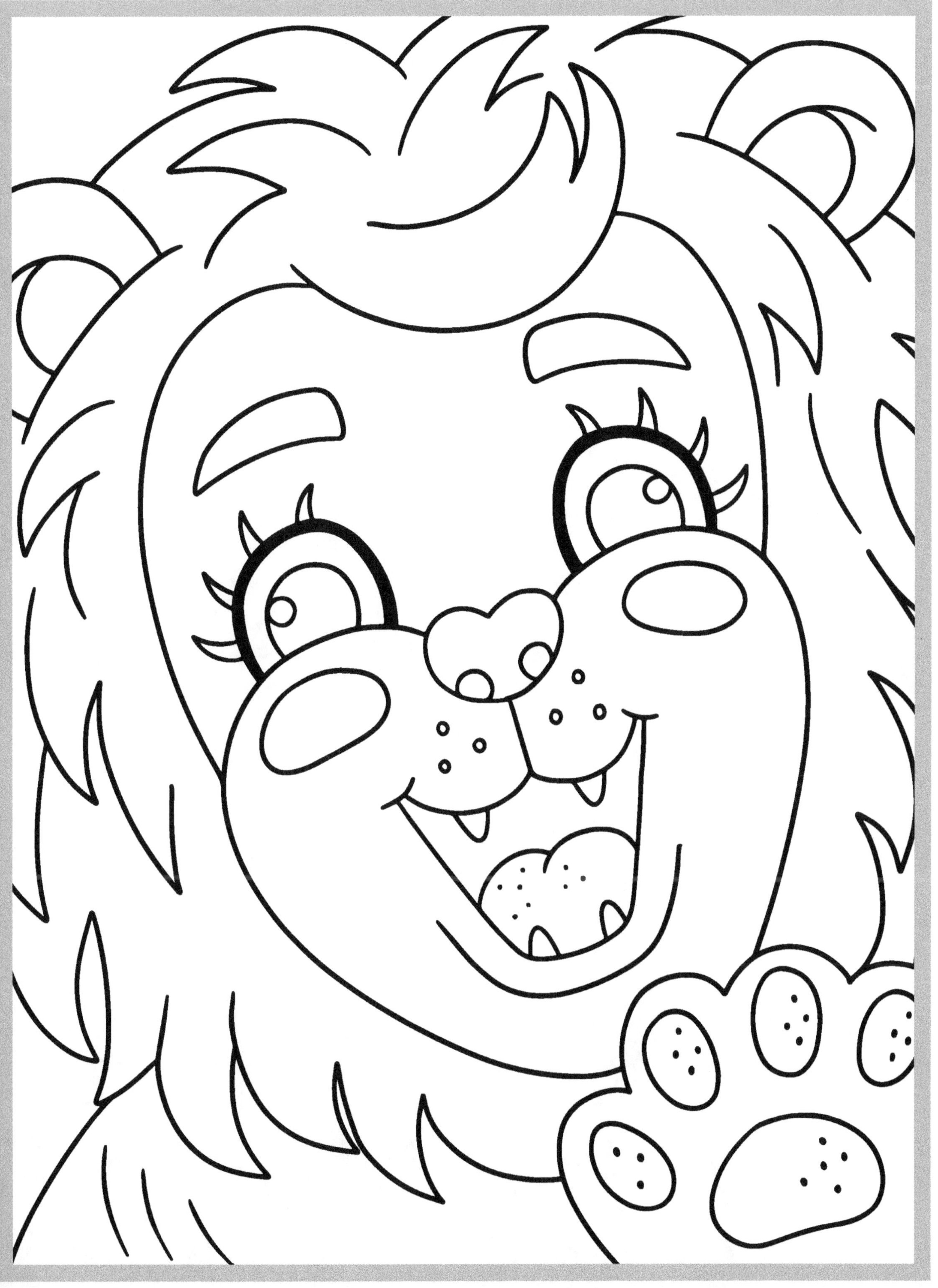

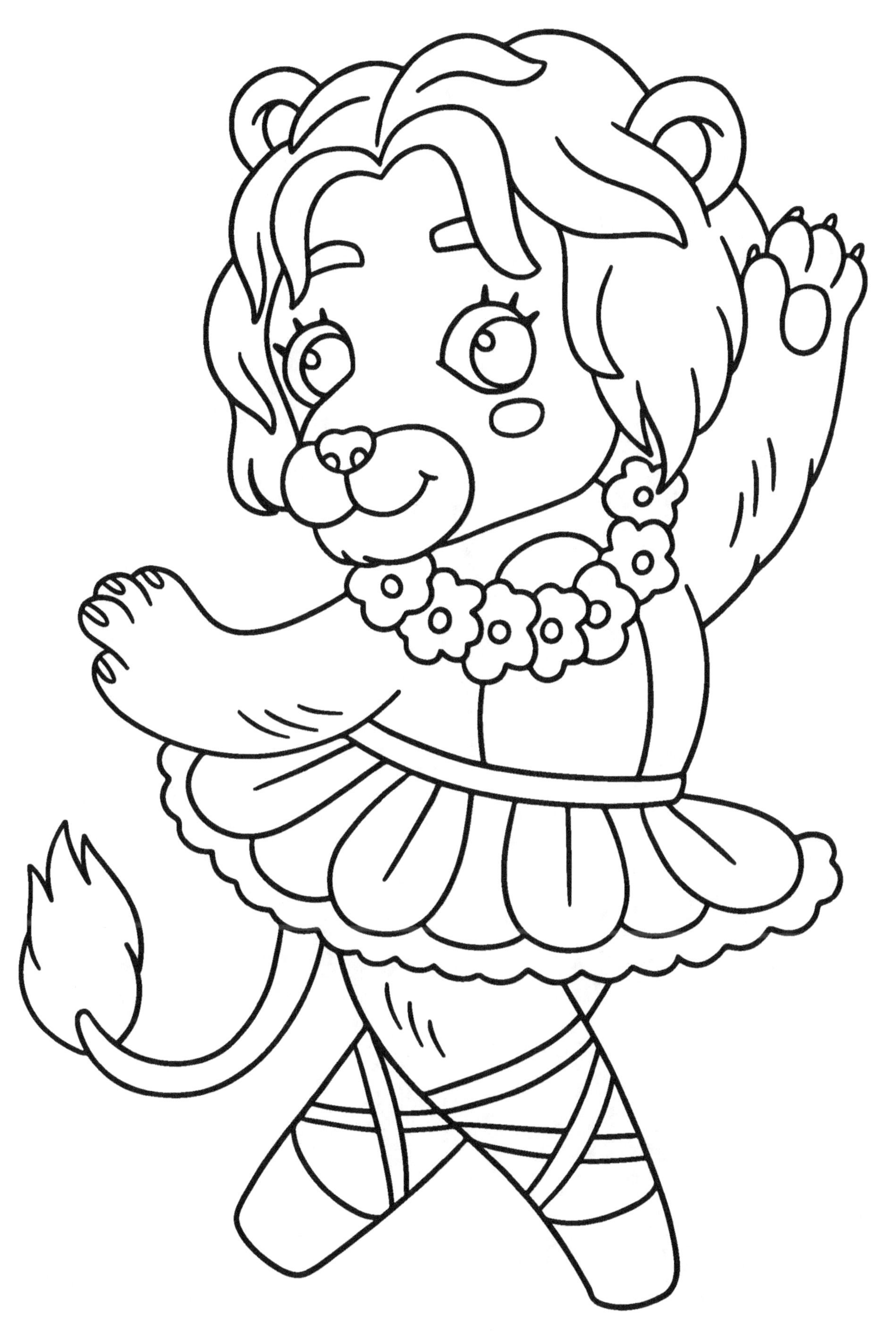

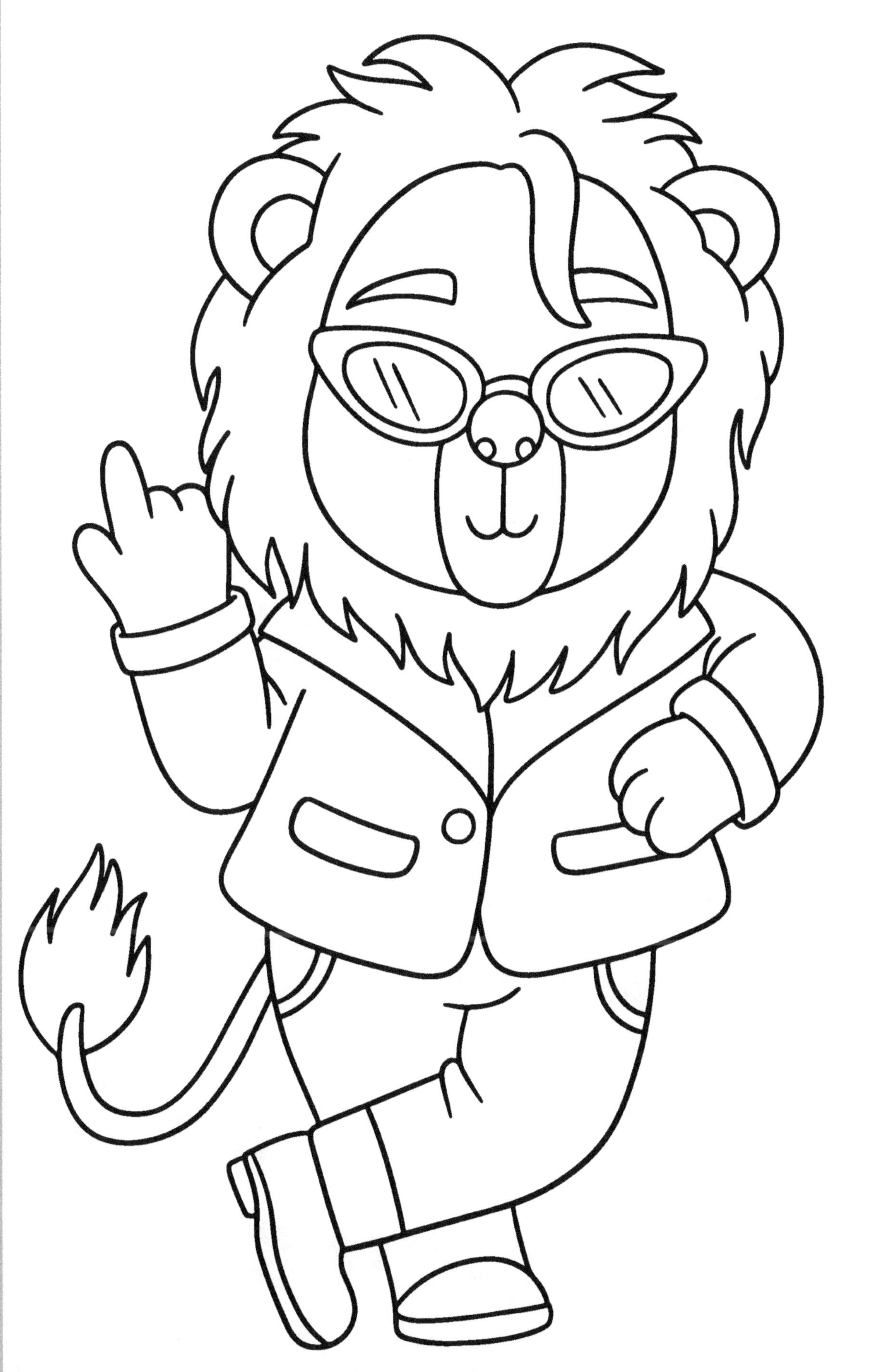

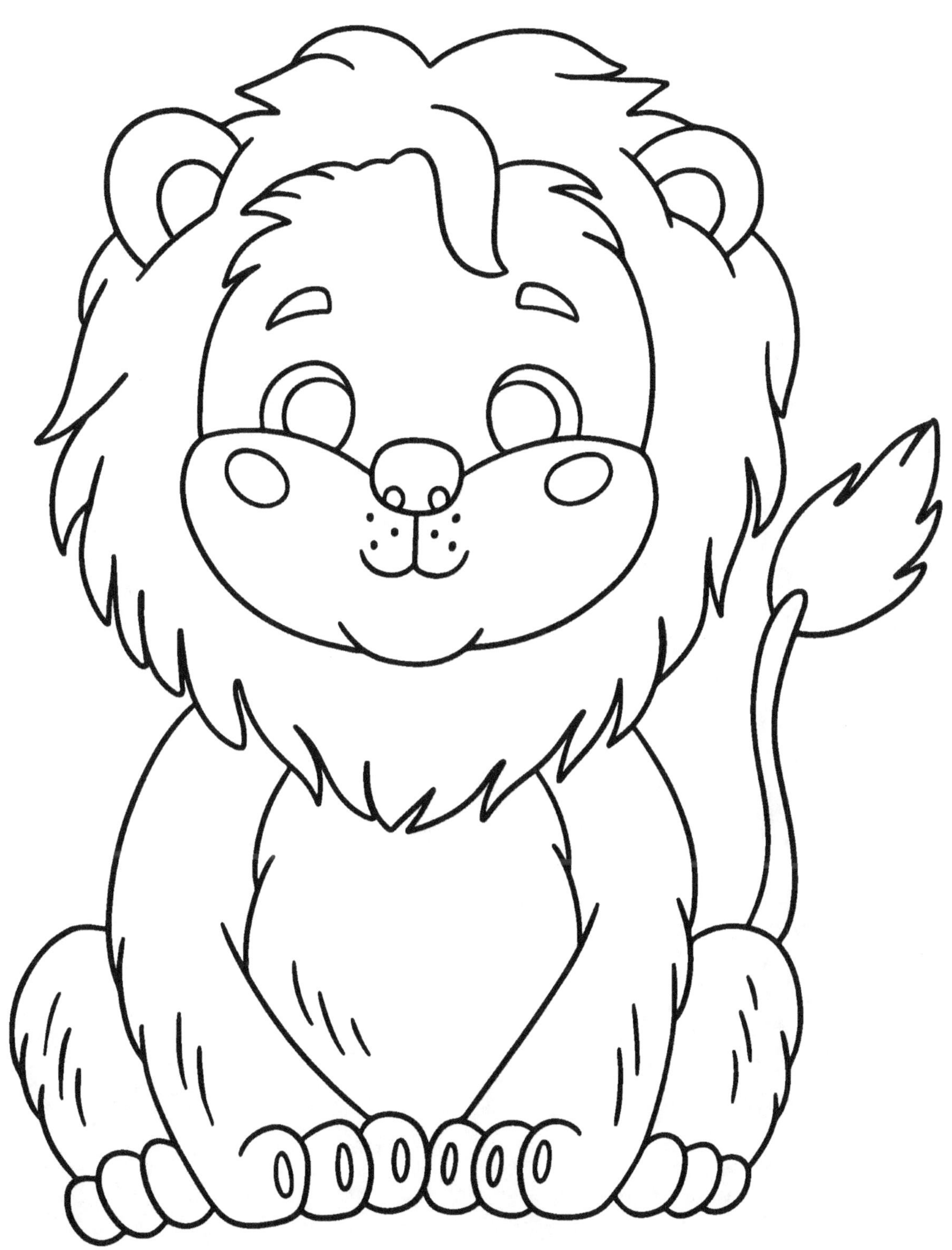

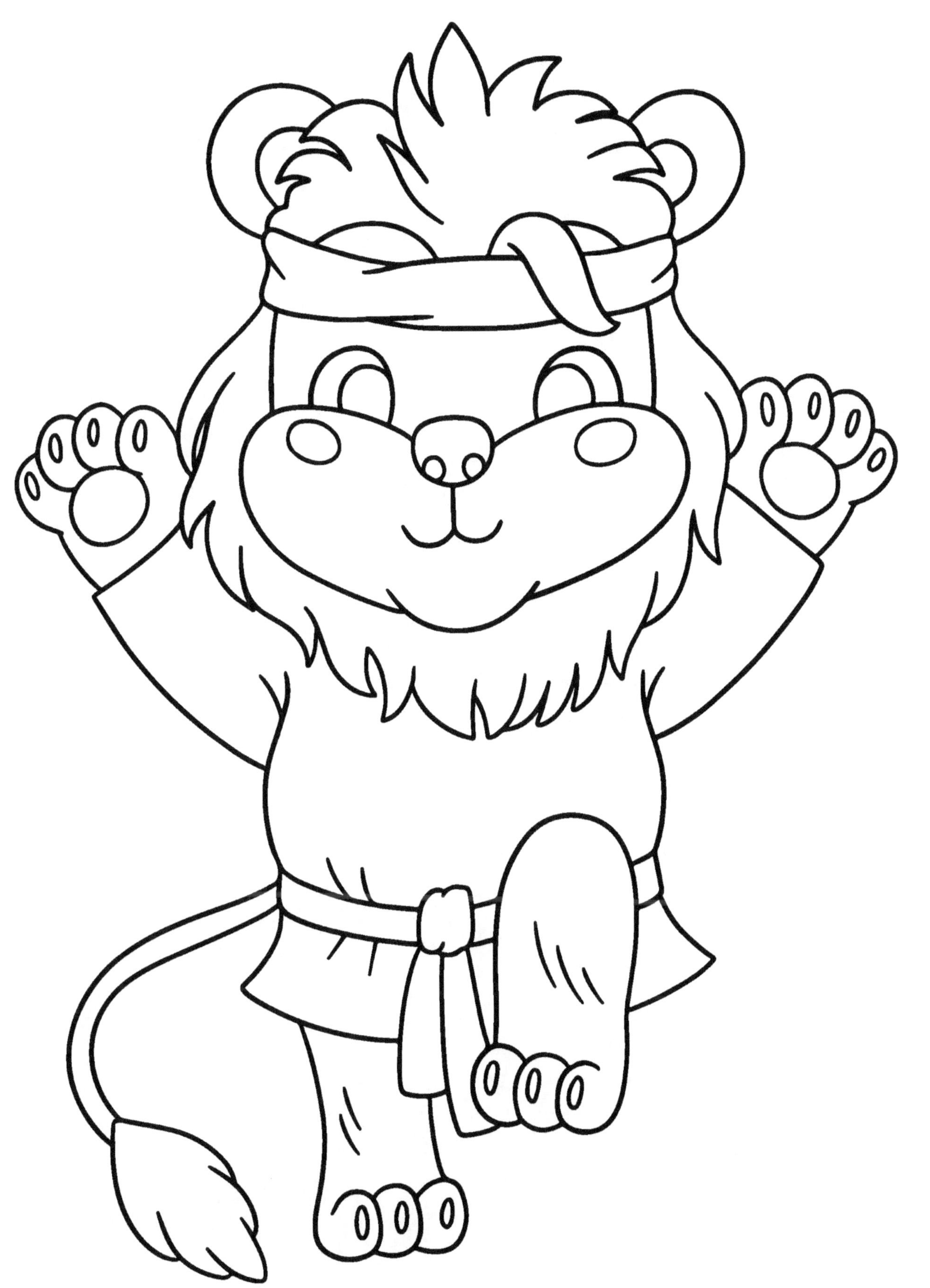

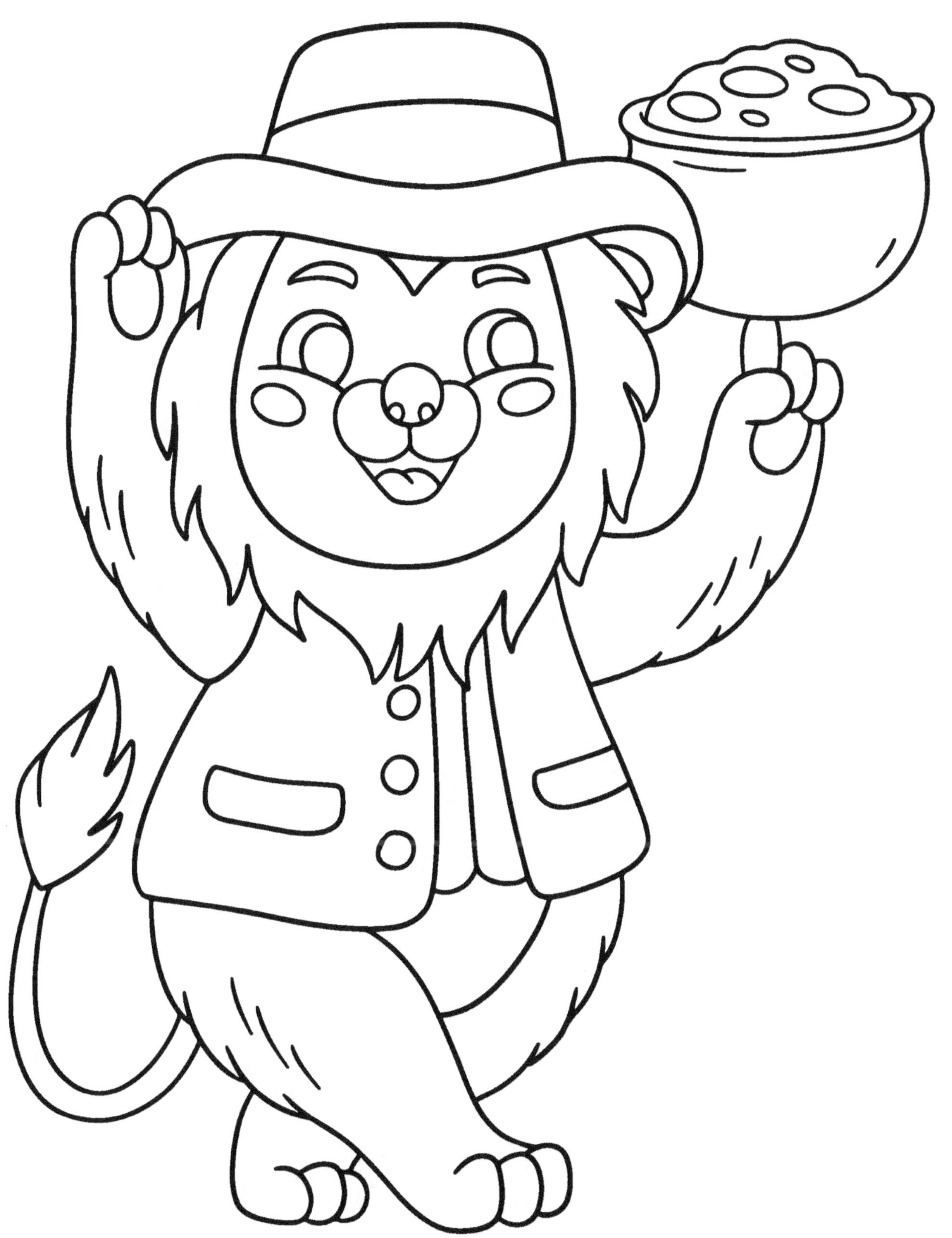

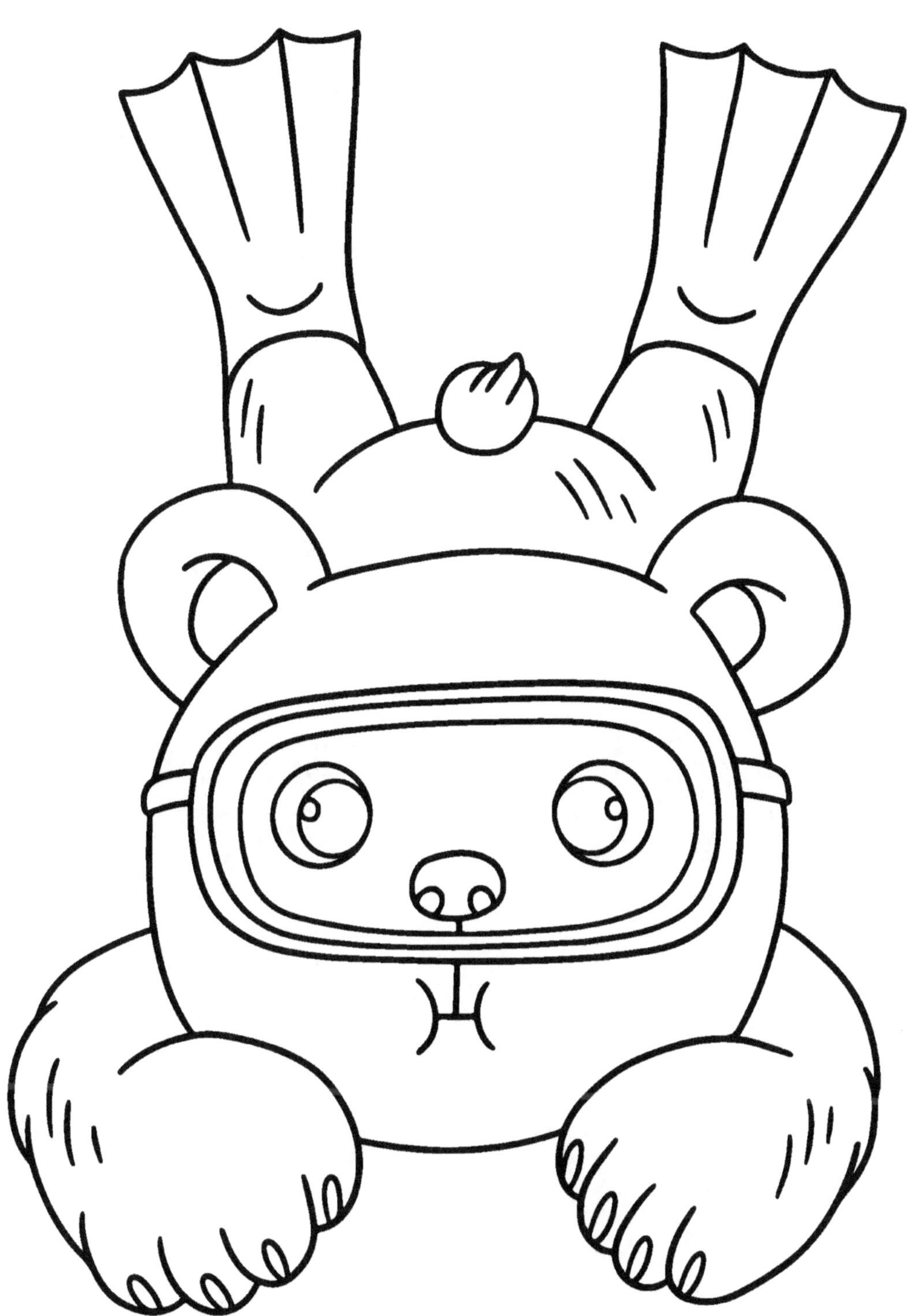

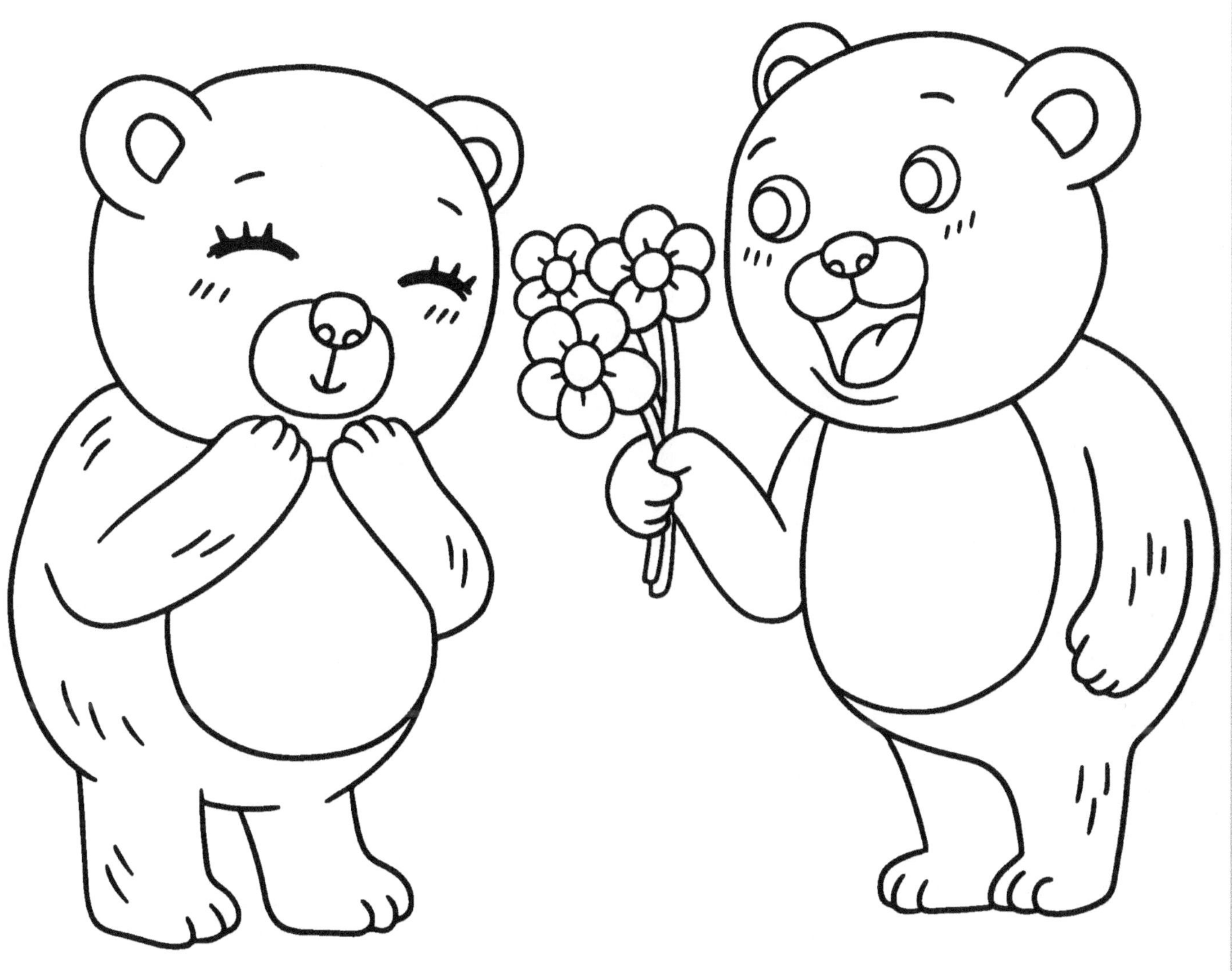

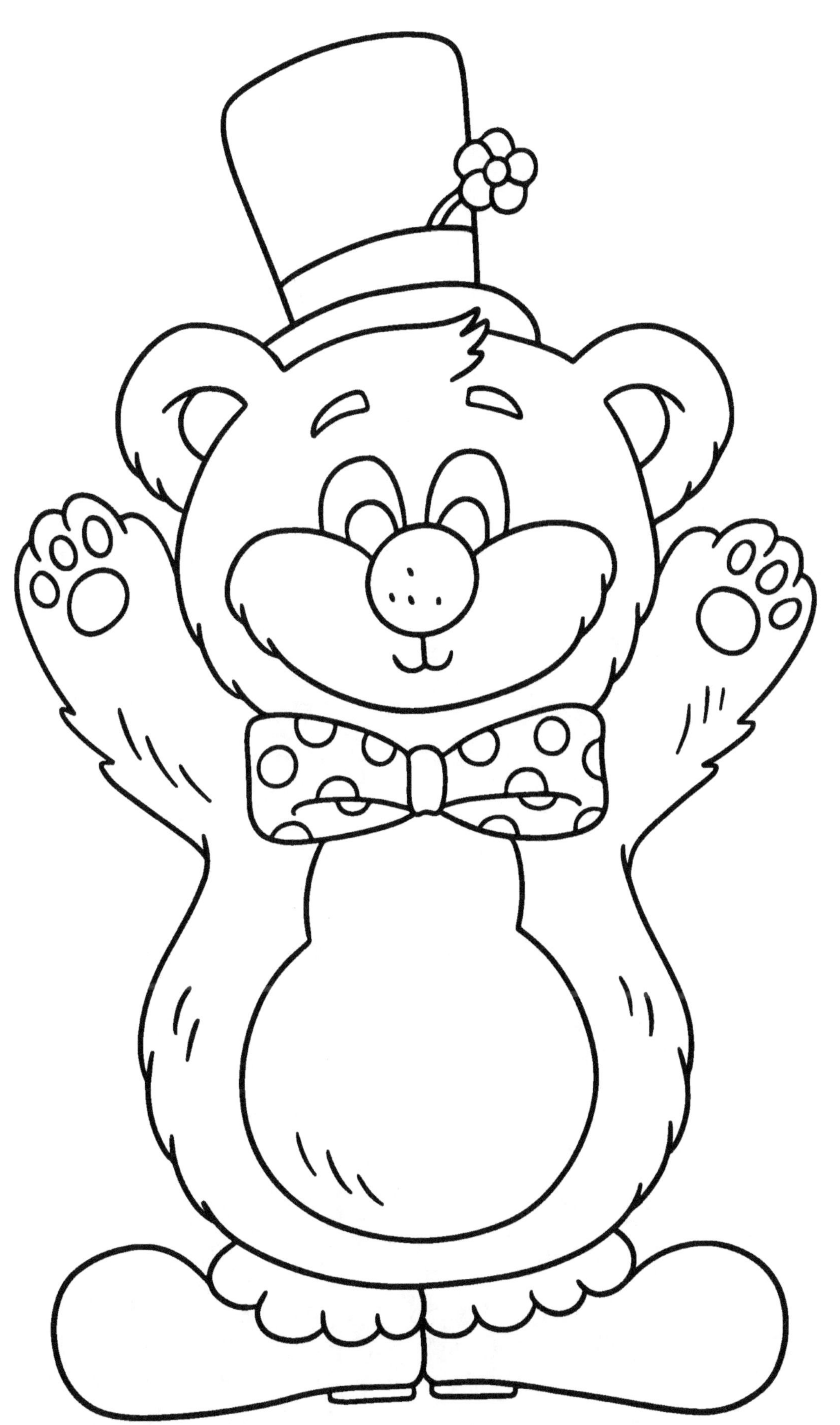

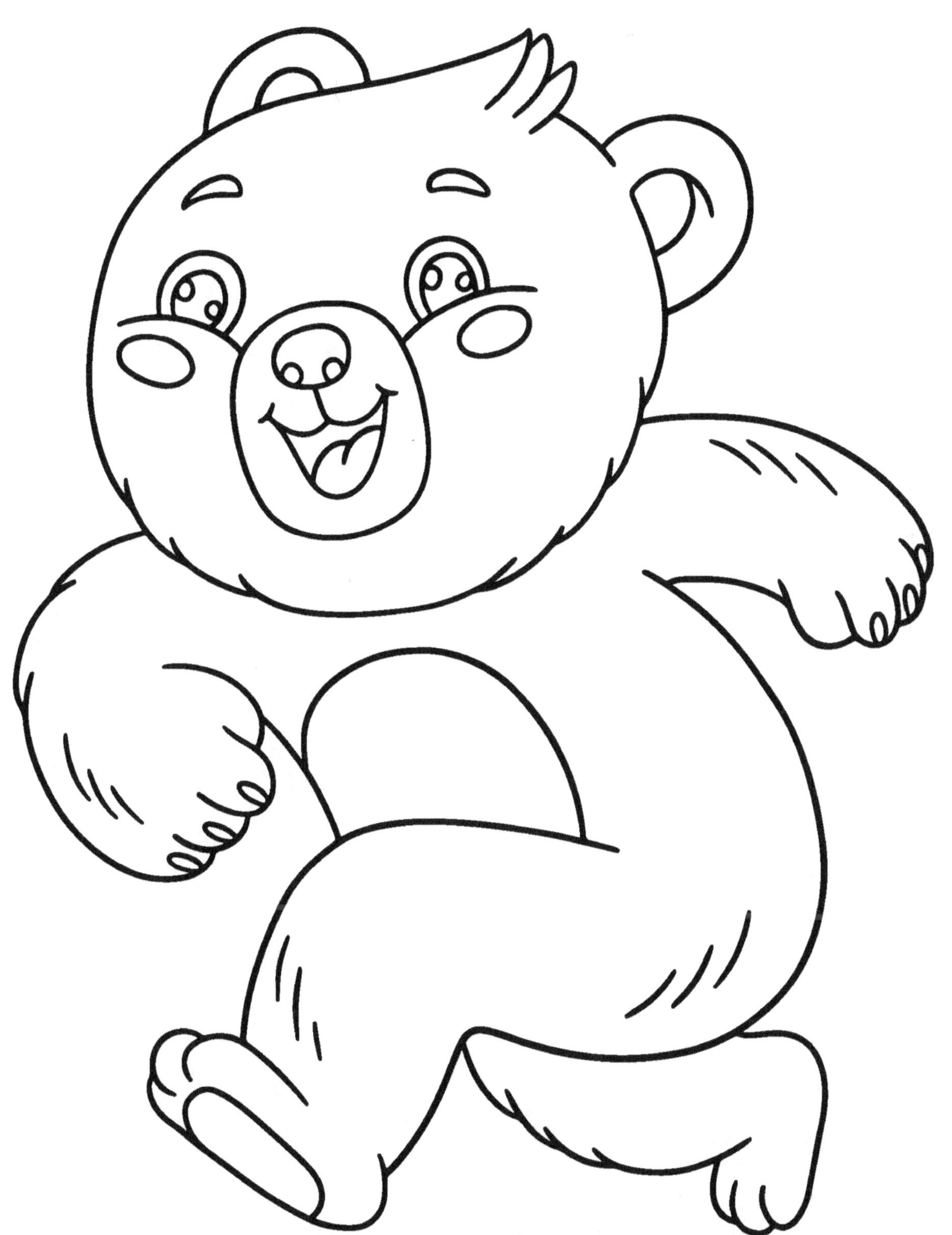

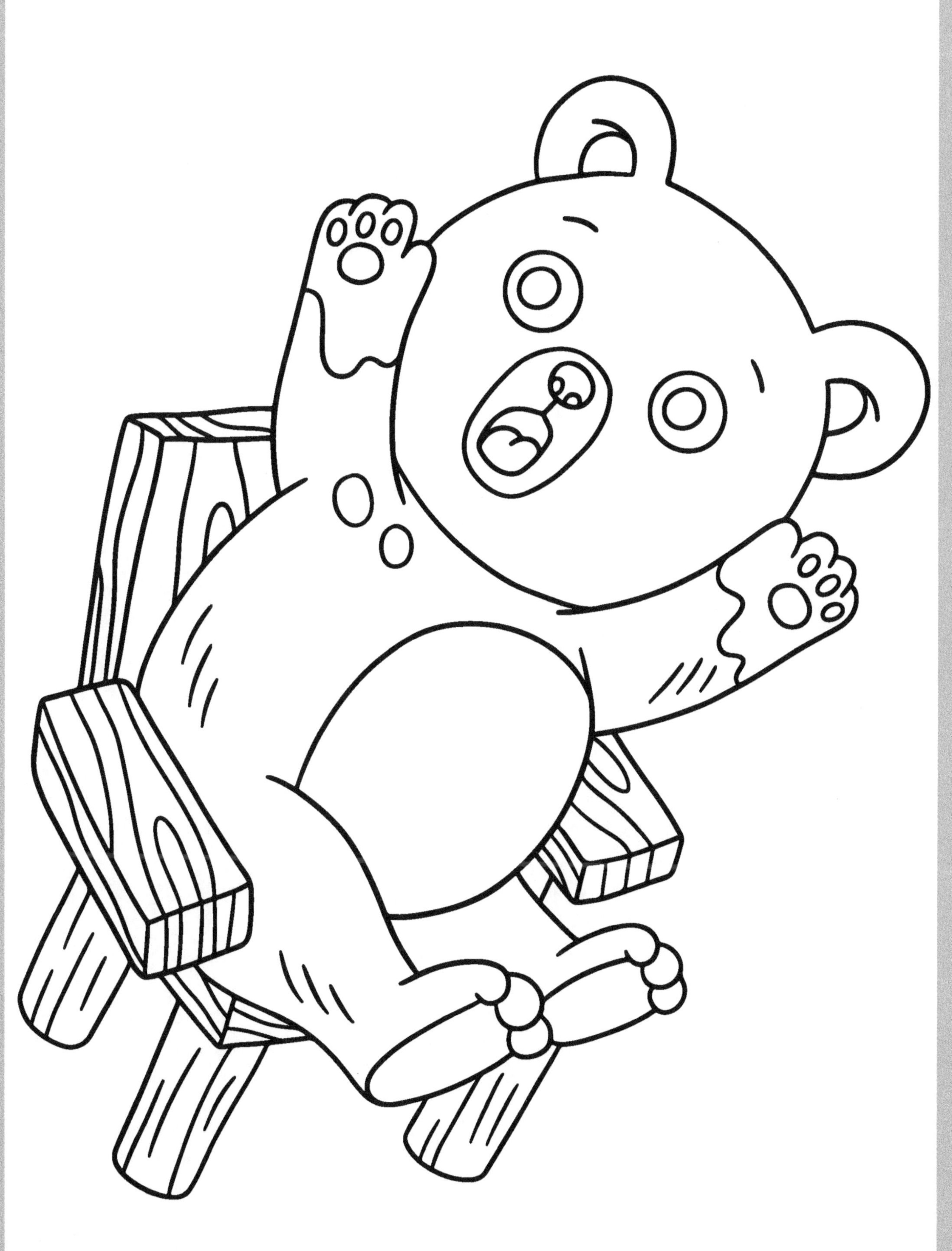

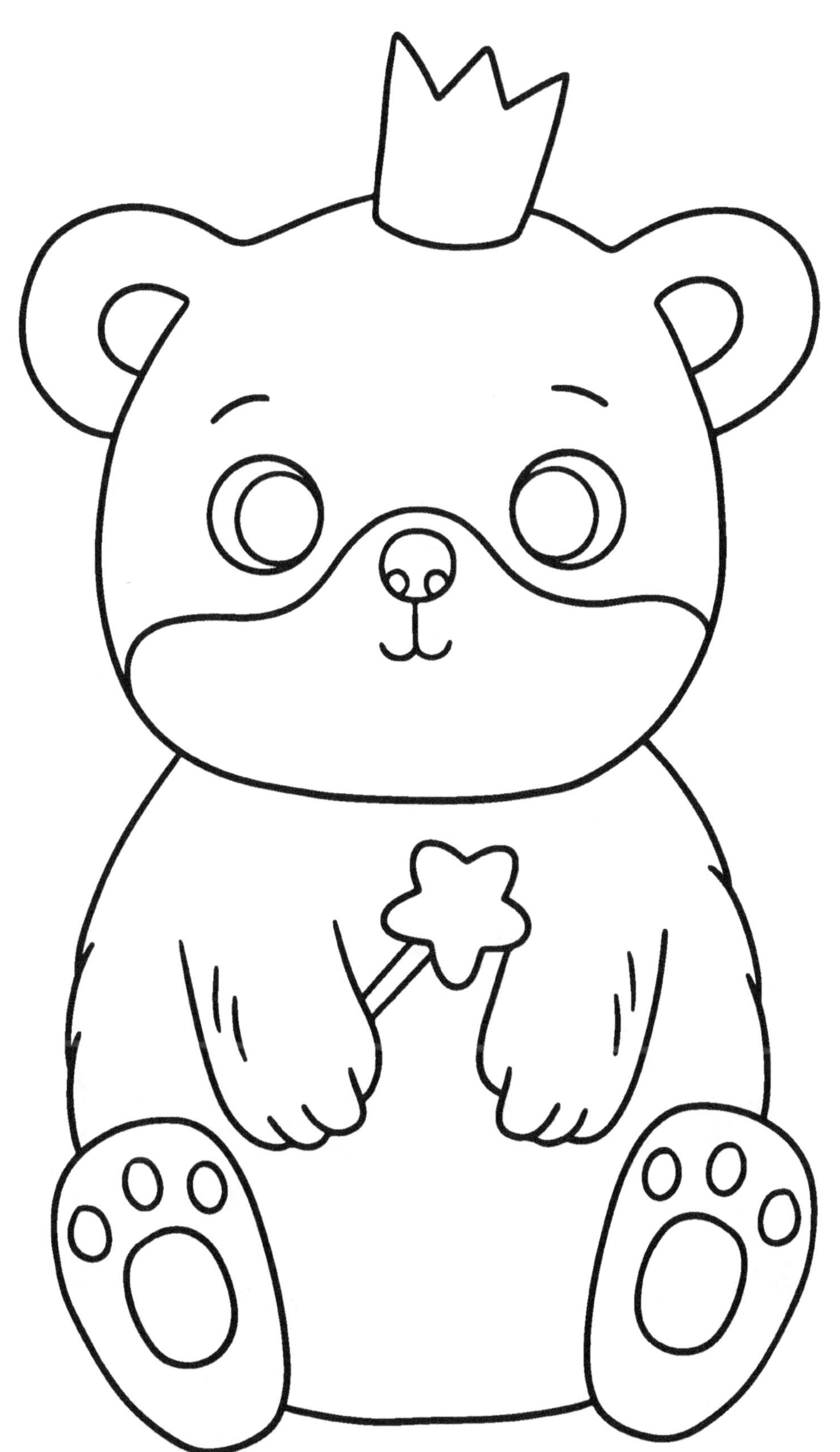

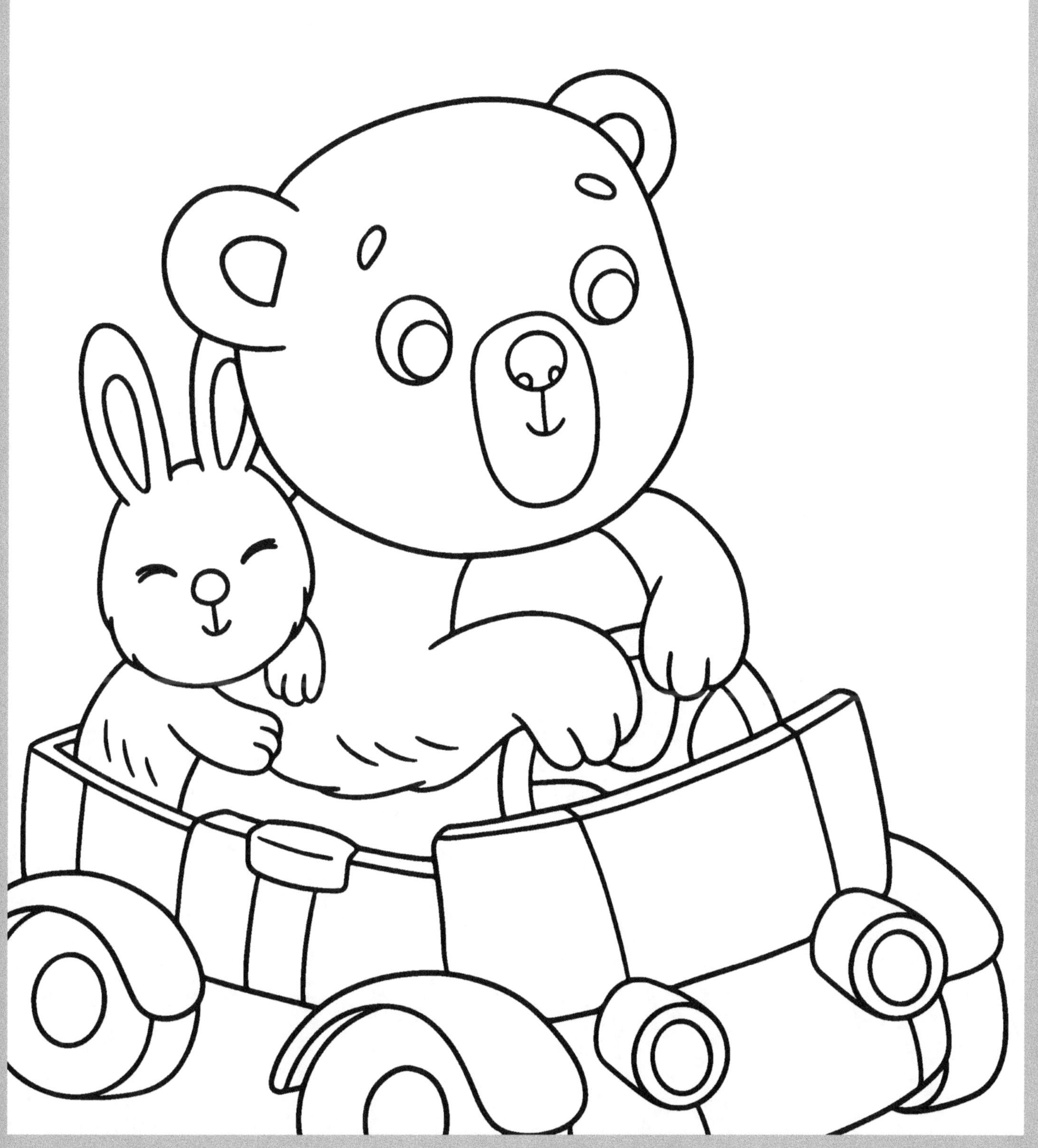

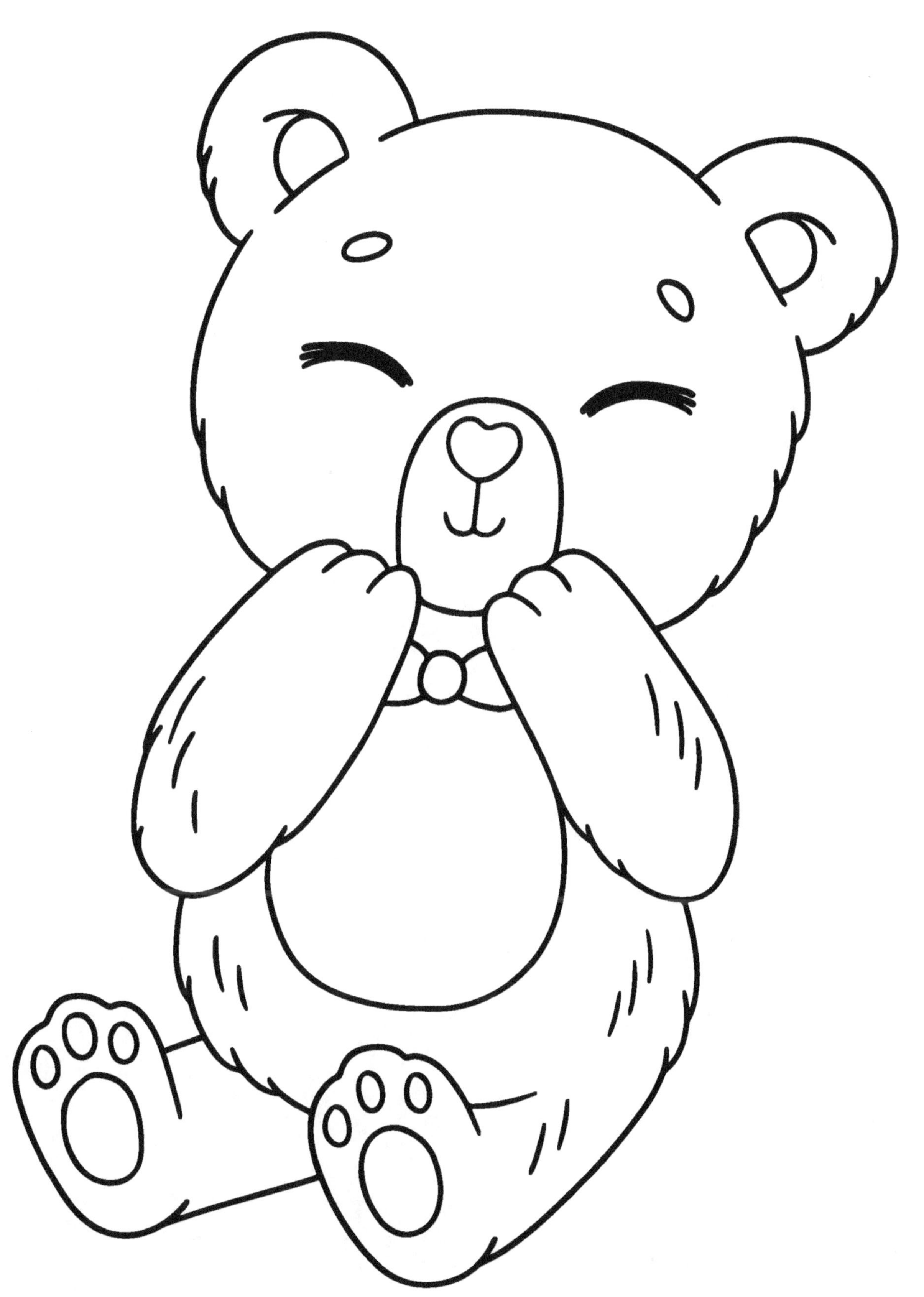

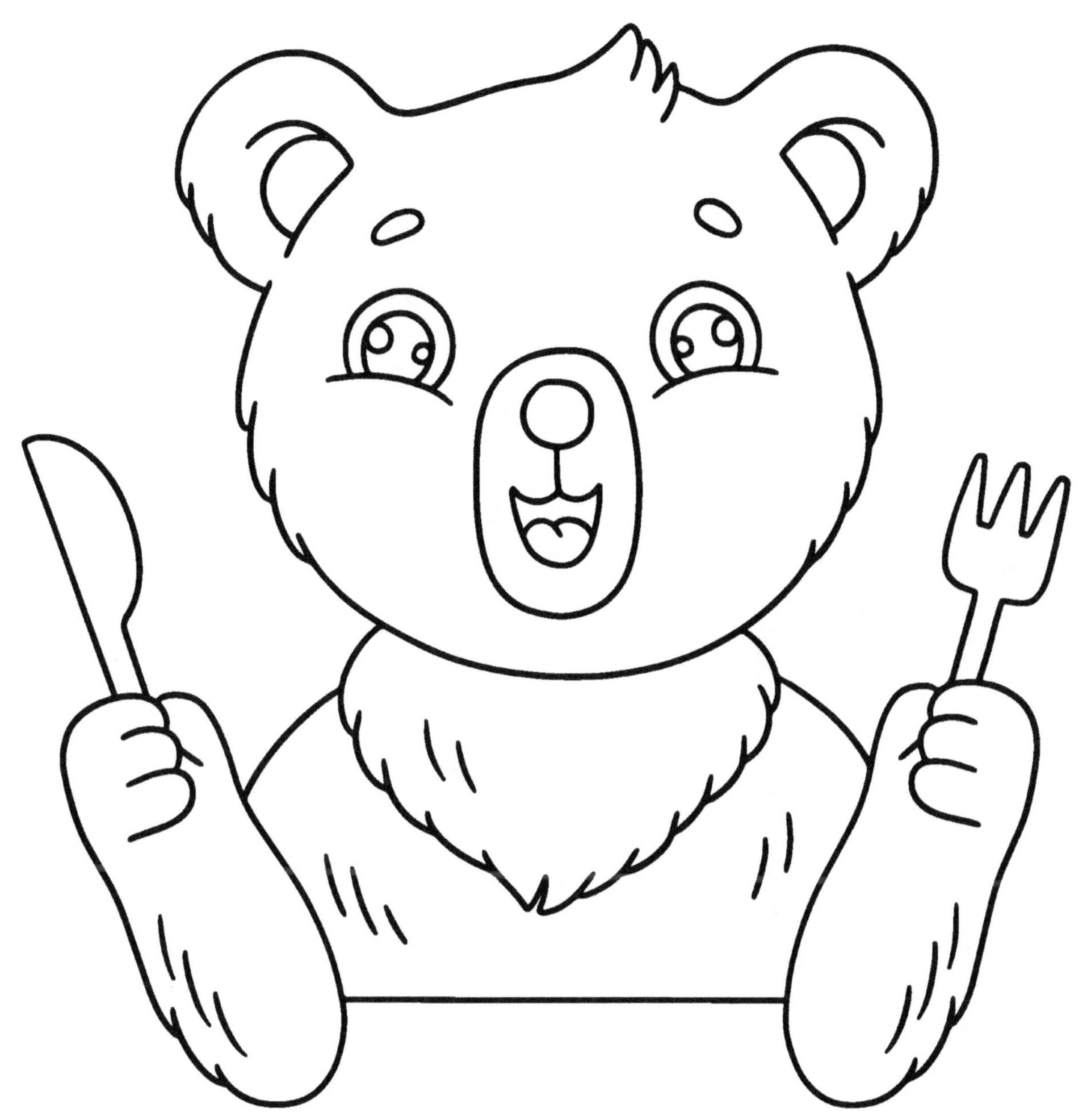

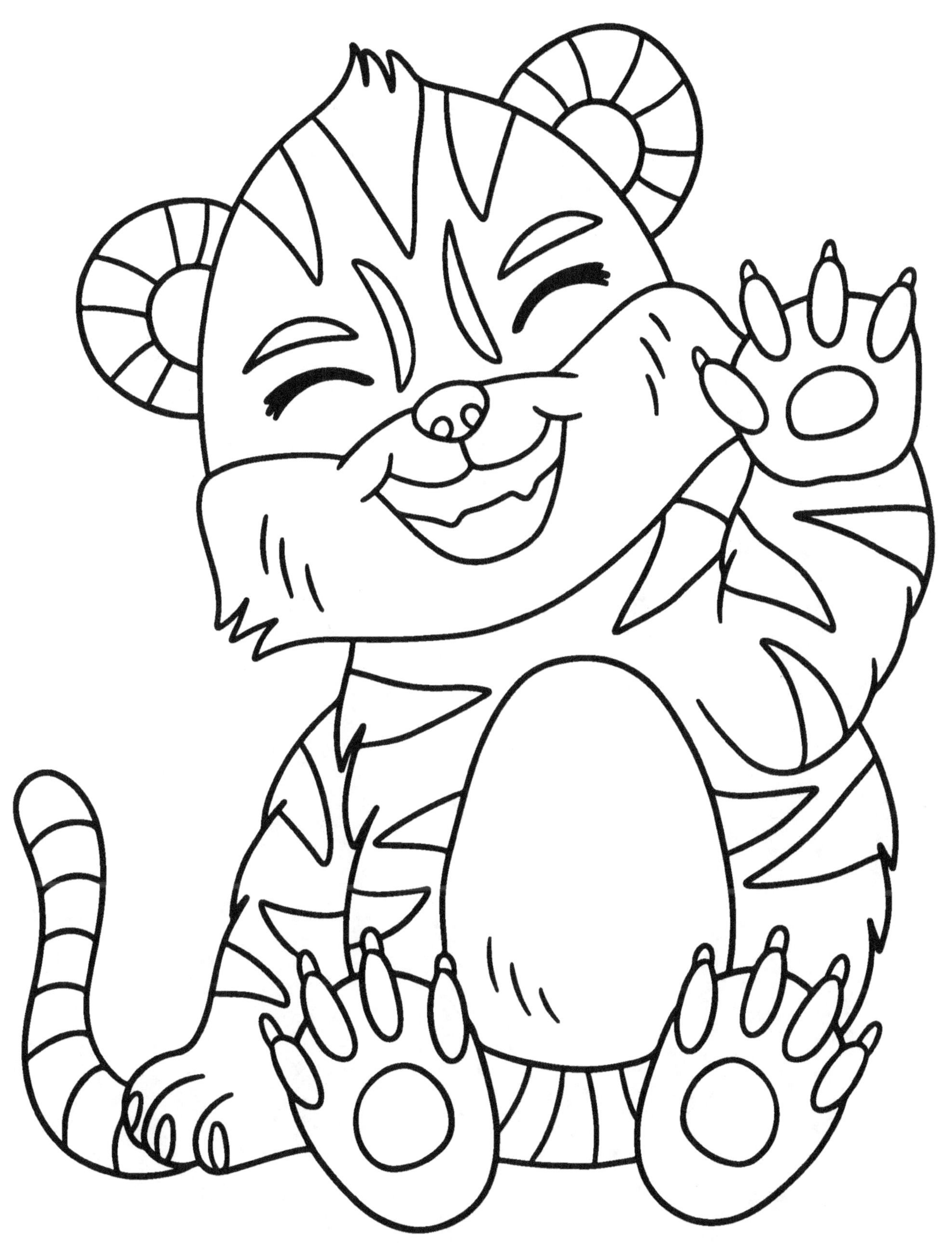

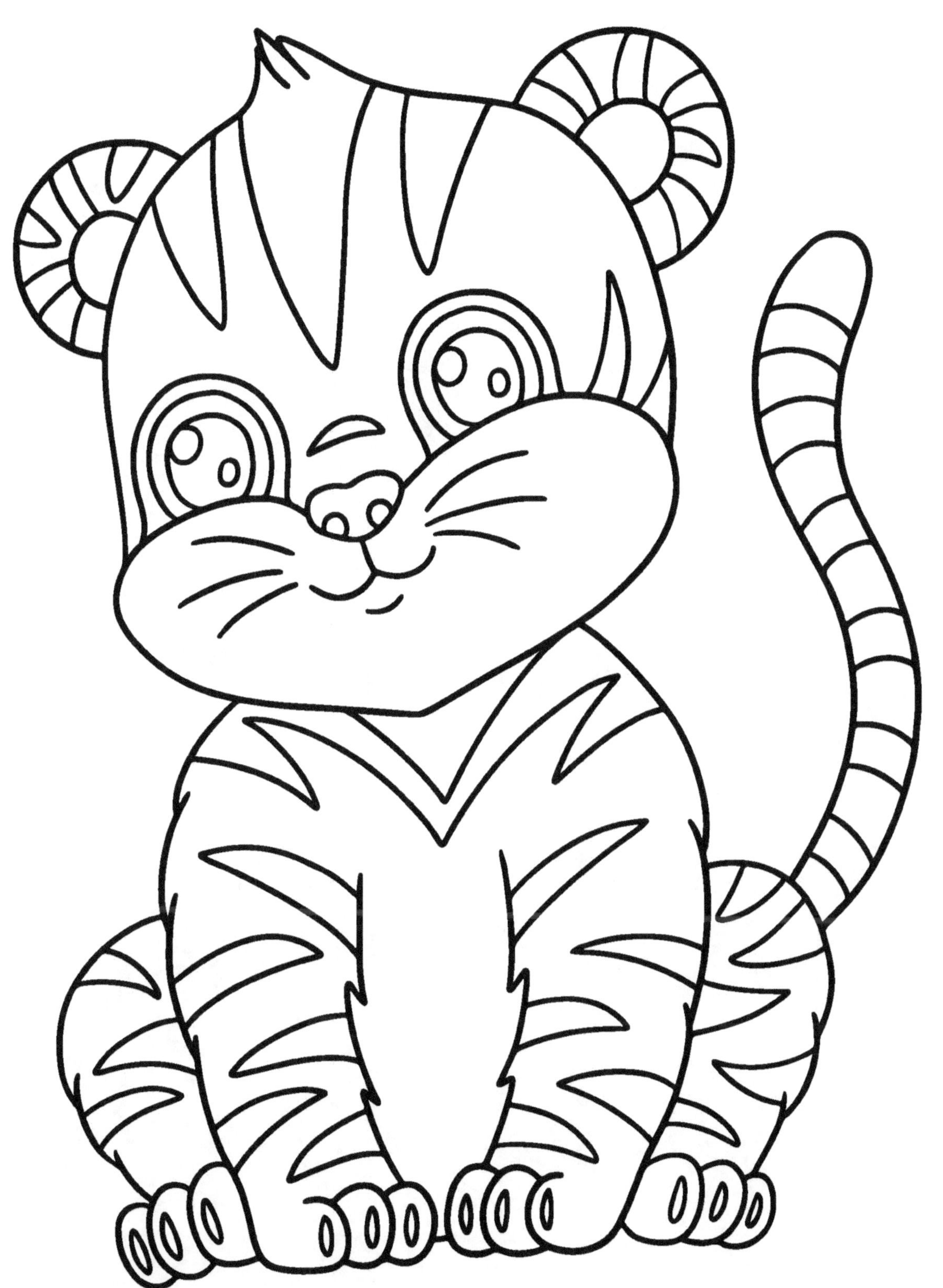

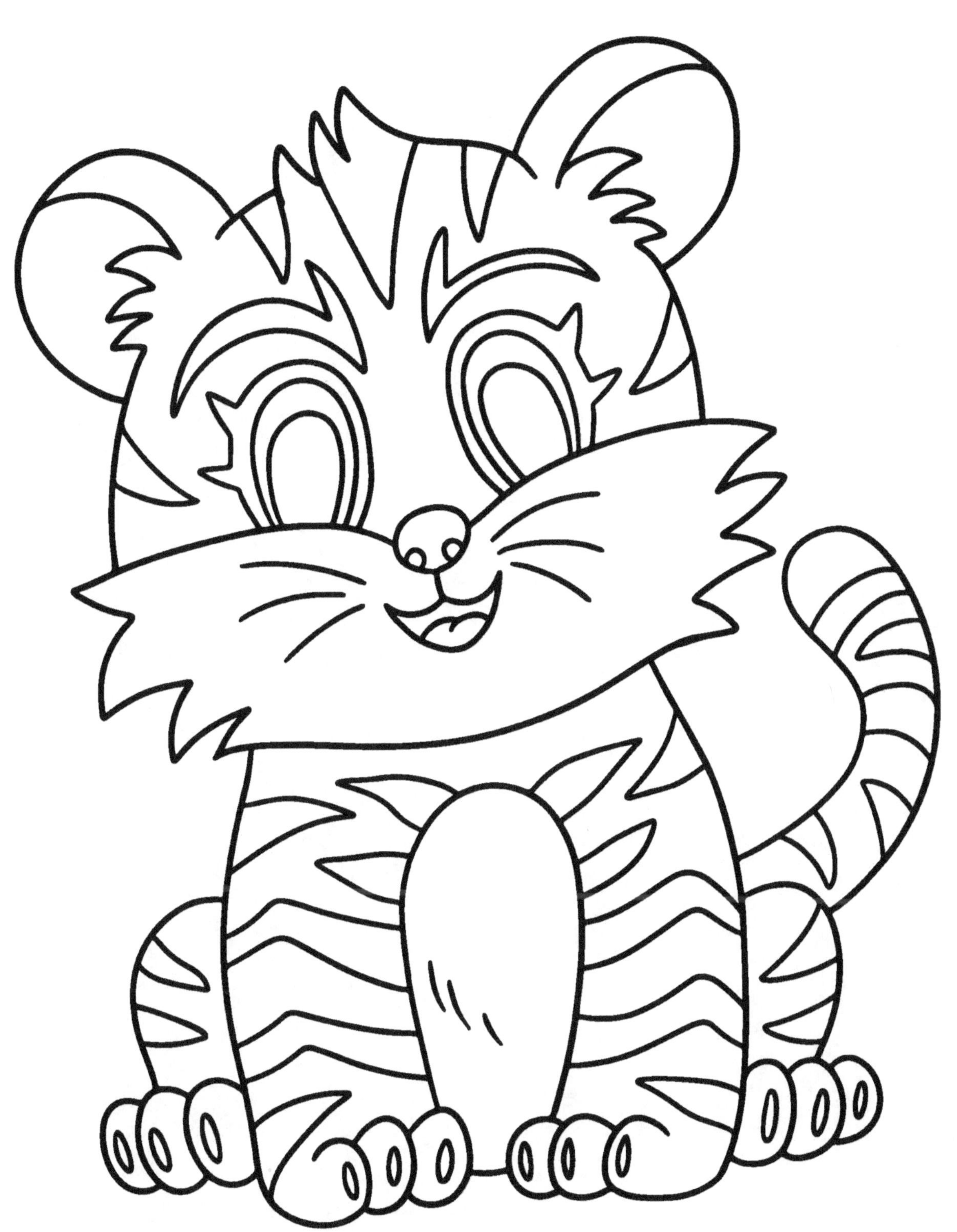

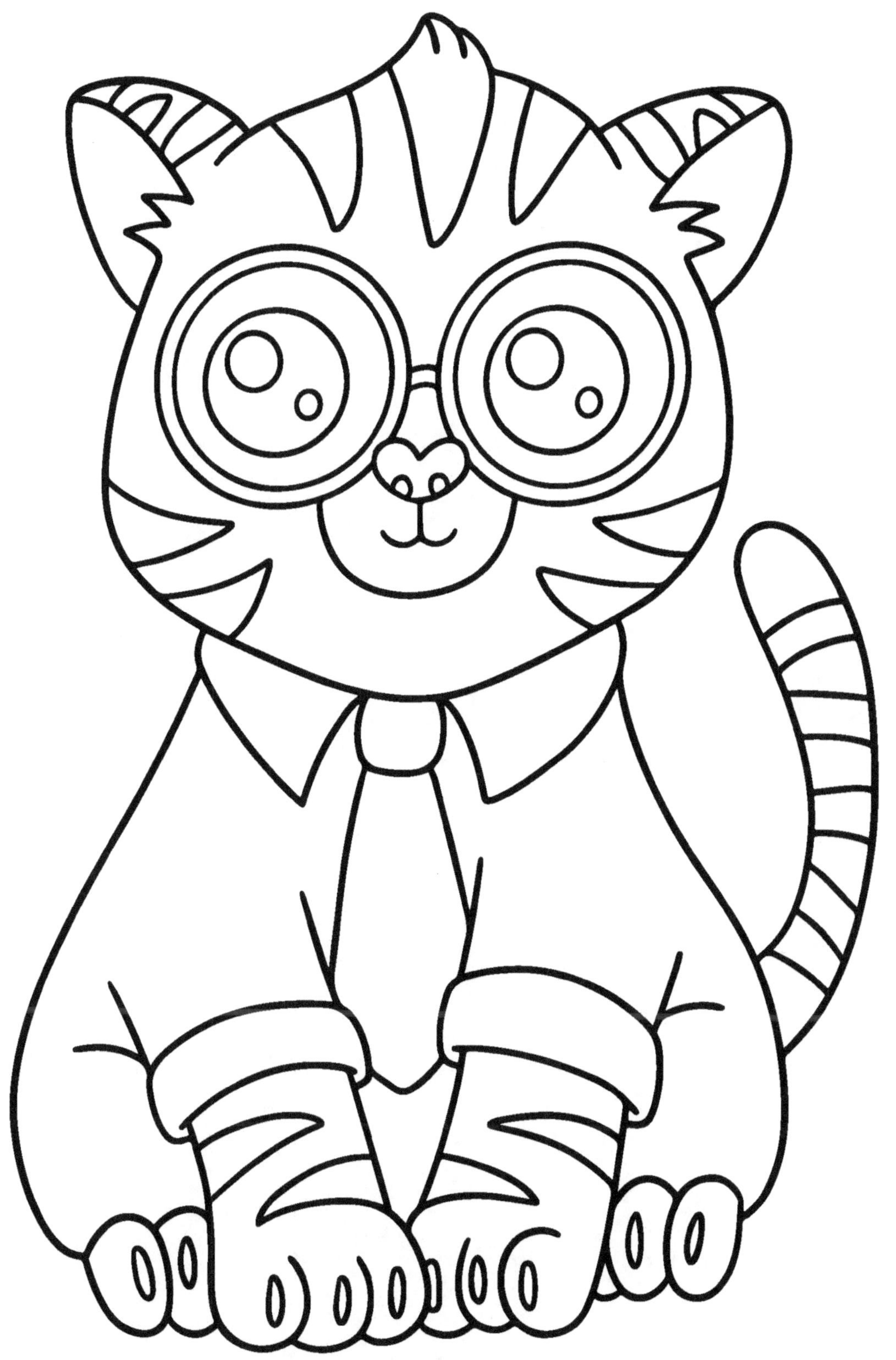

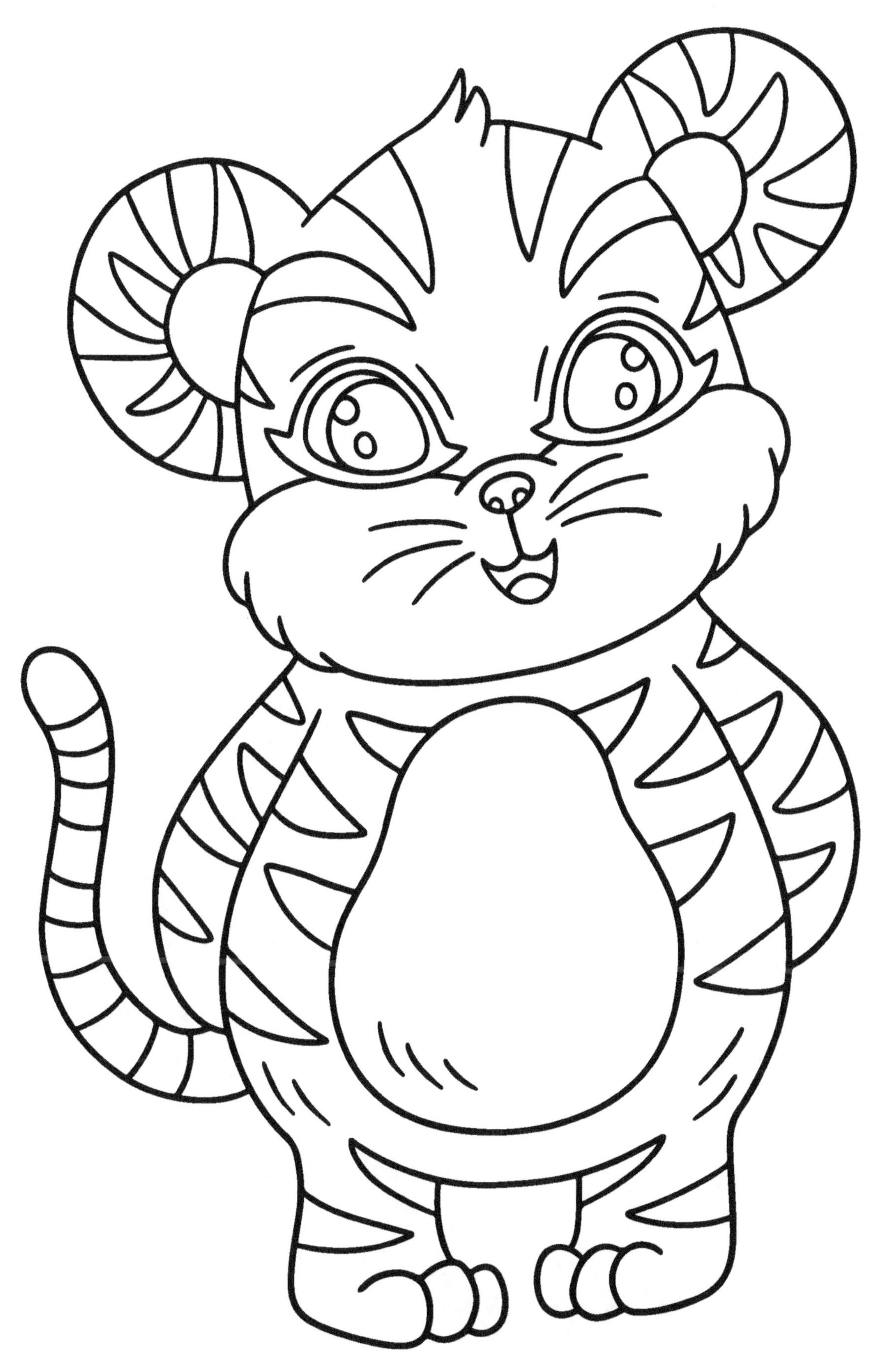

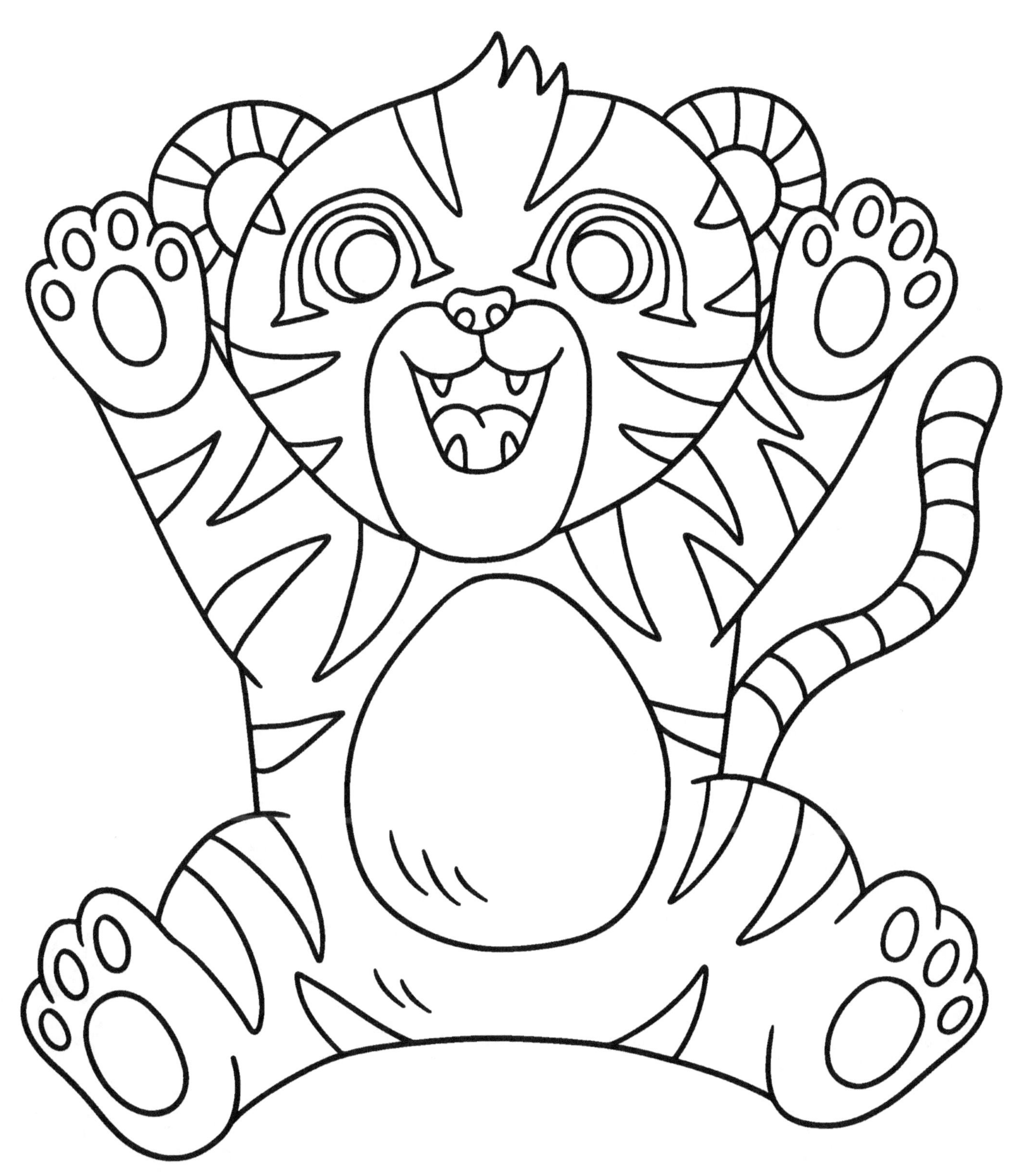

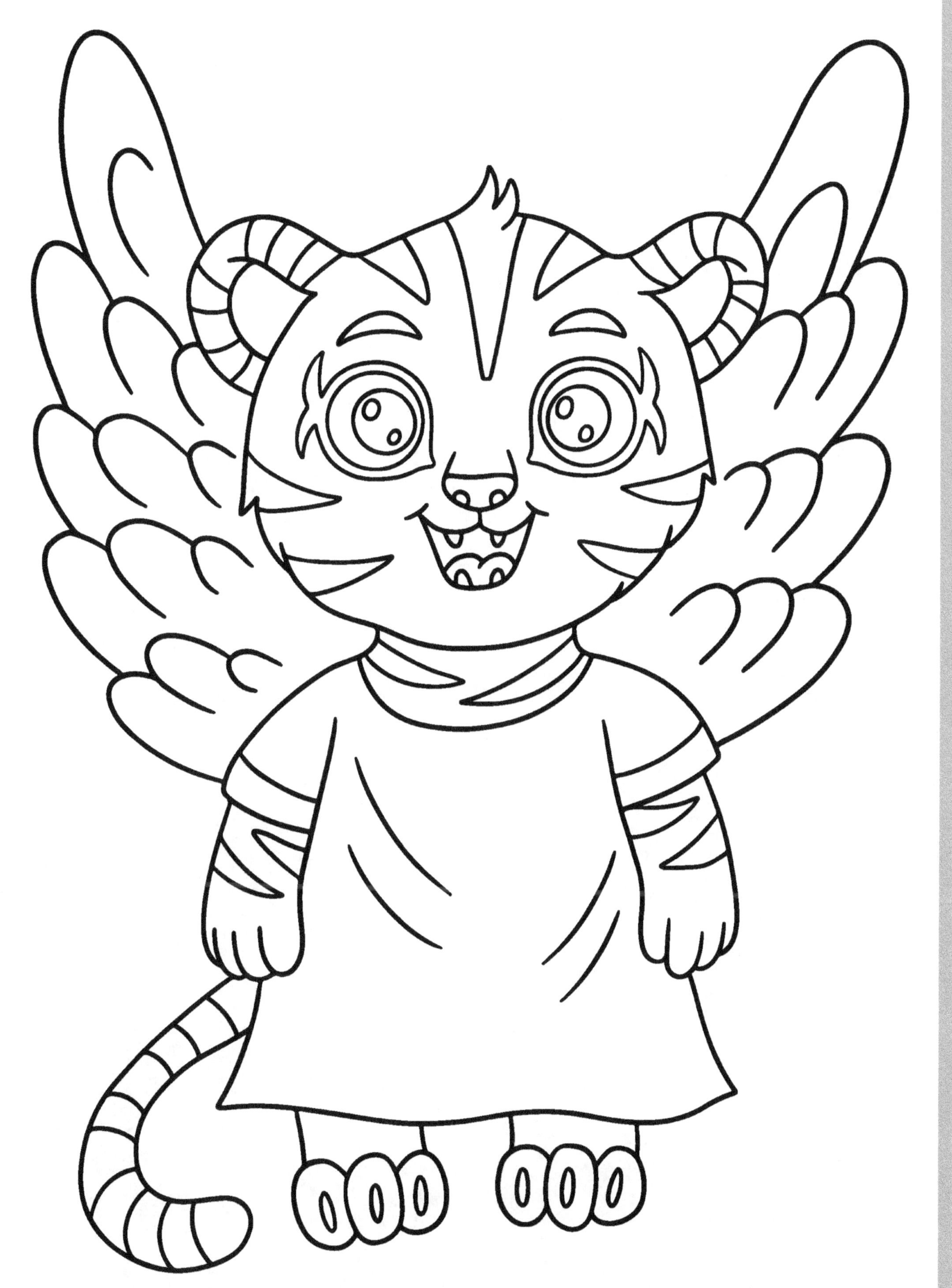

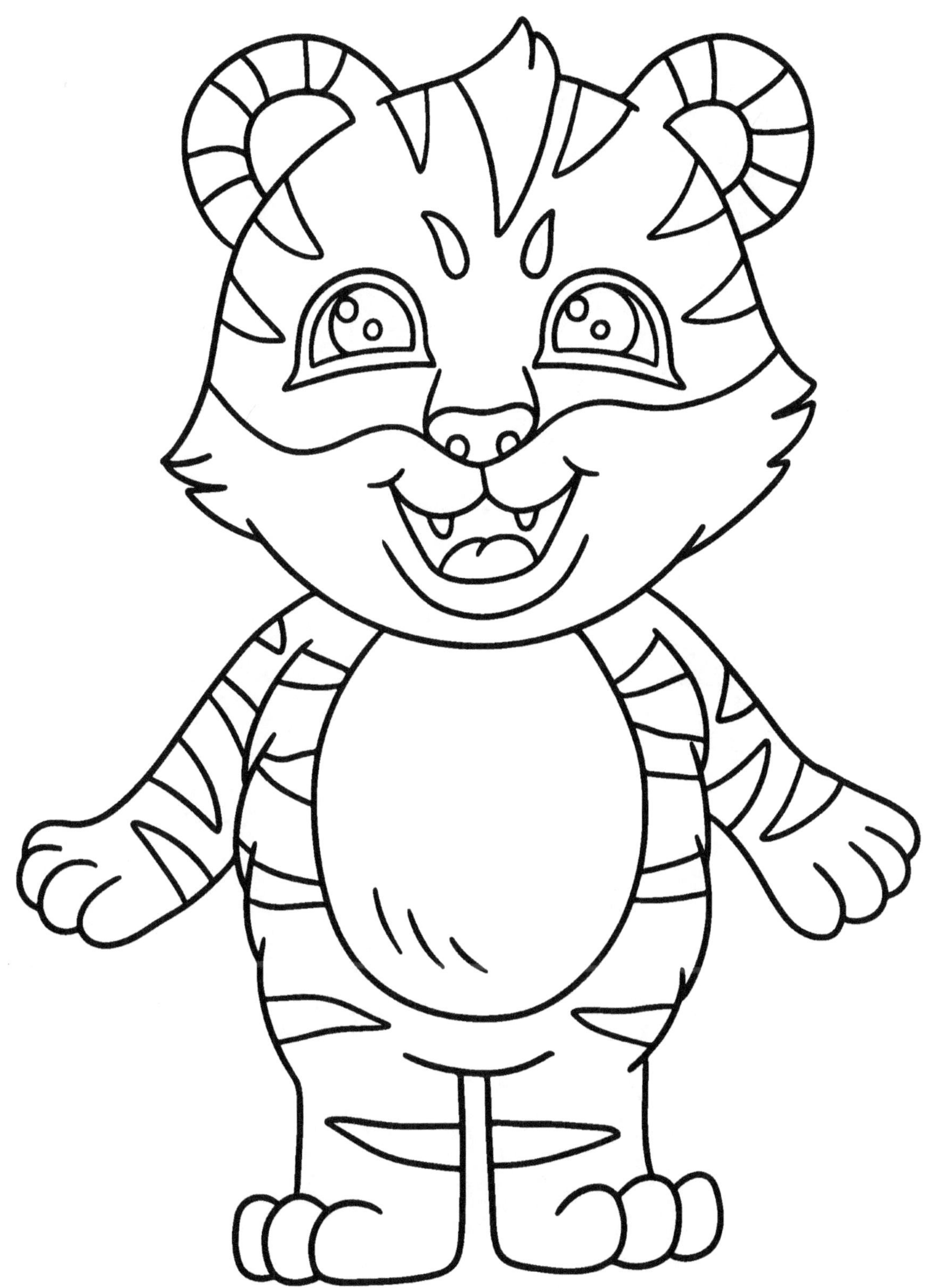

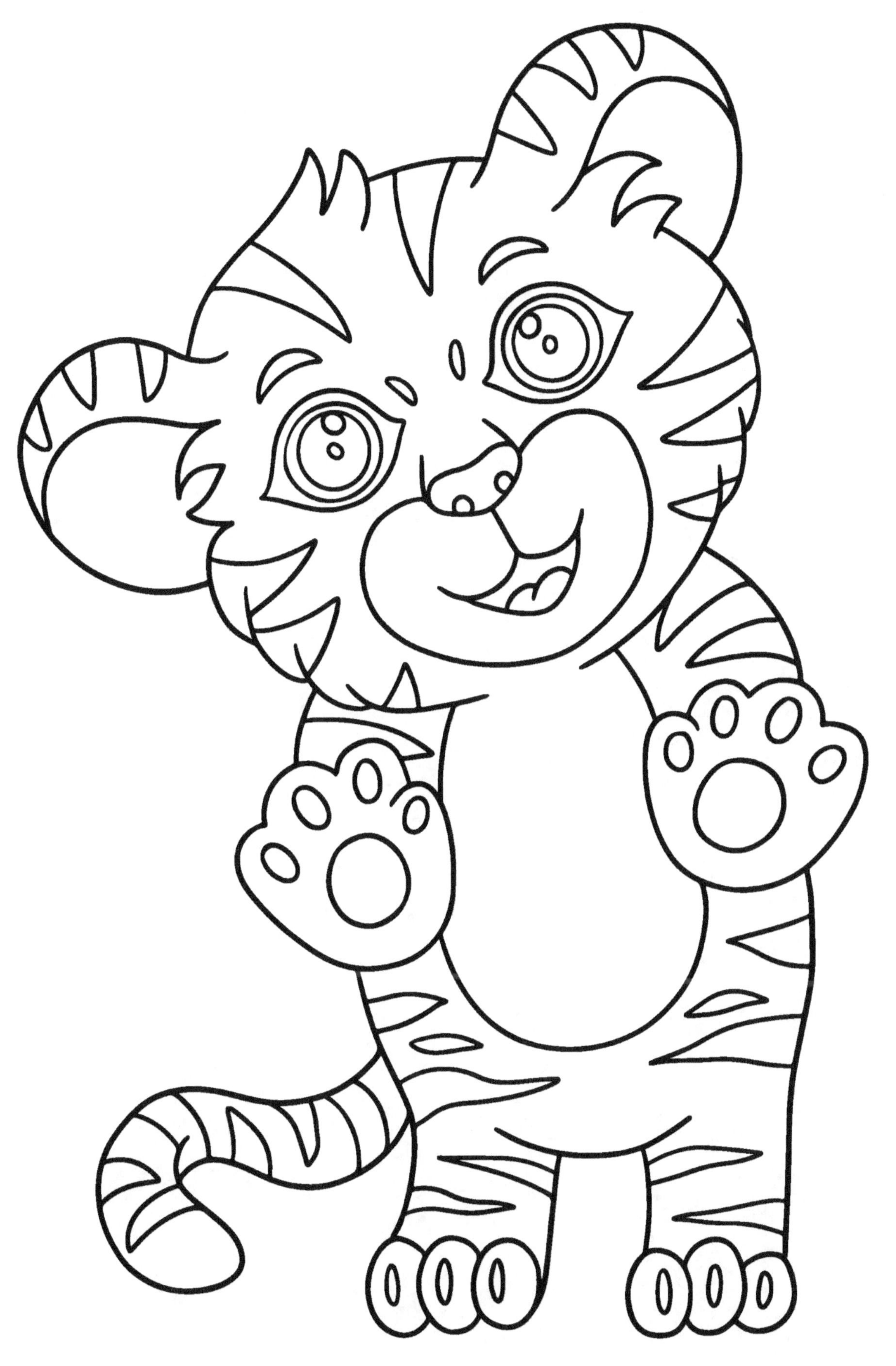

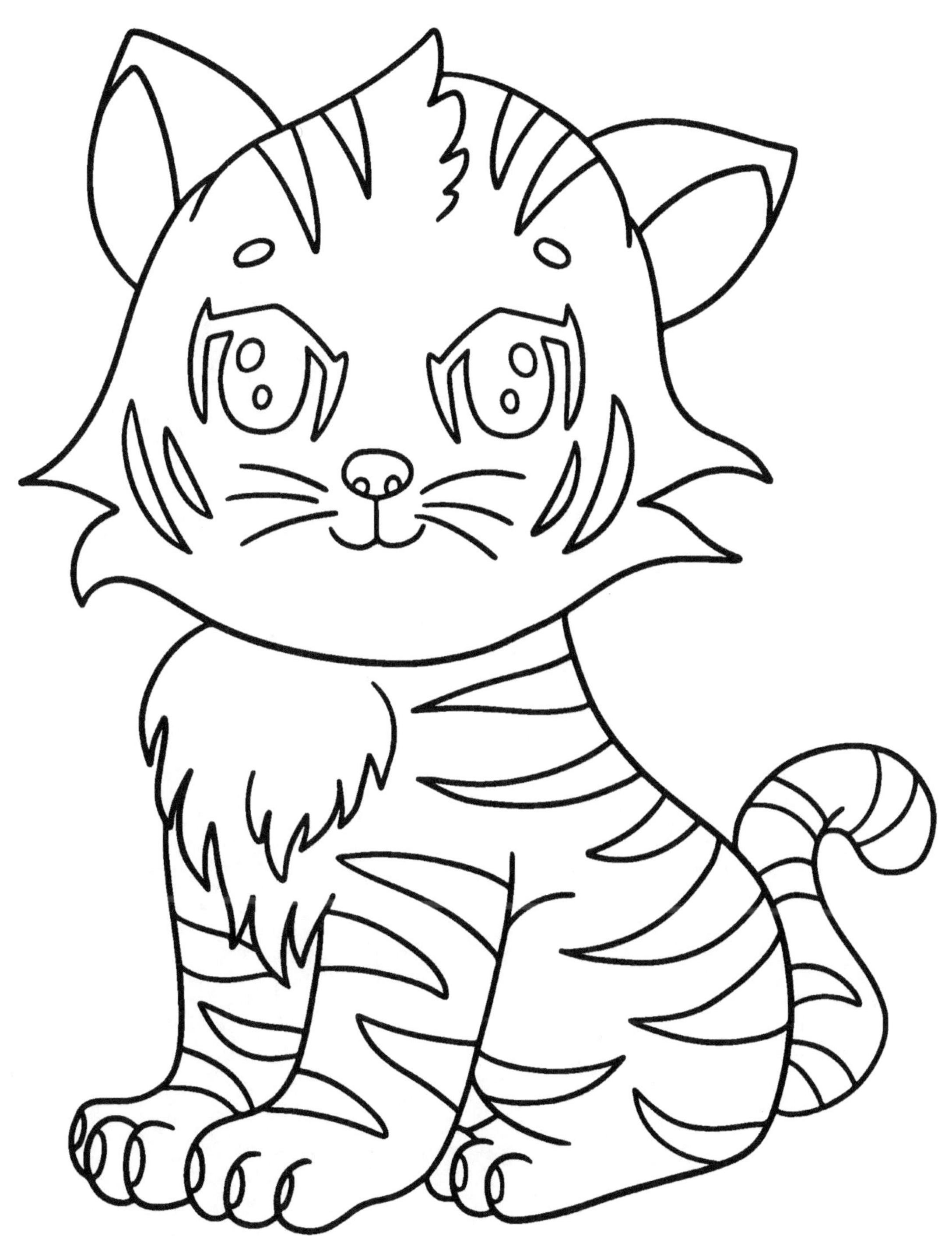

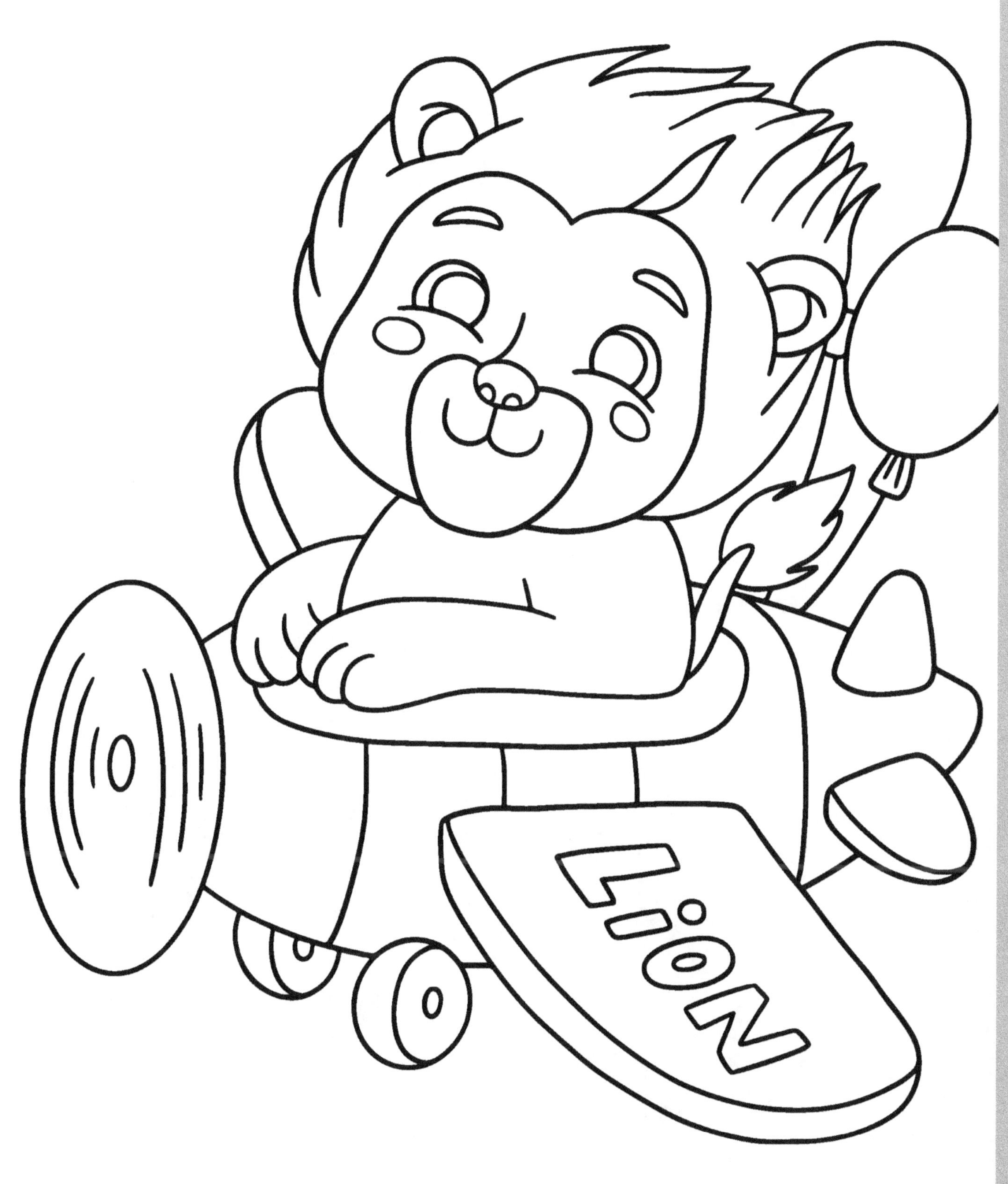
Lion

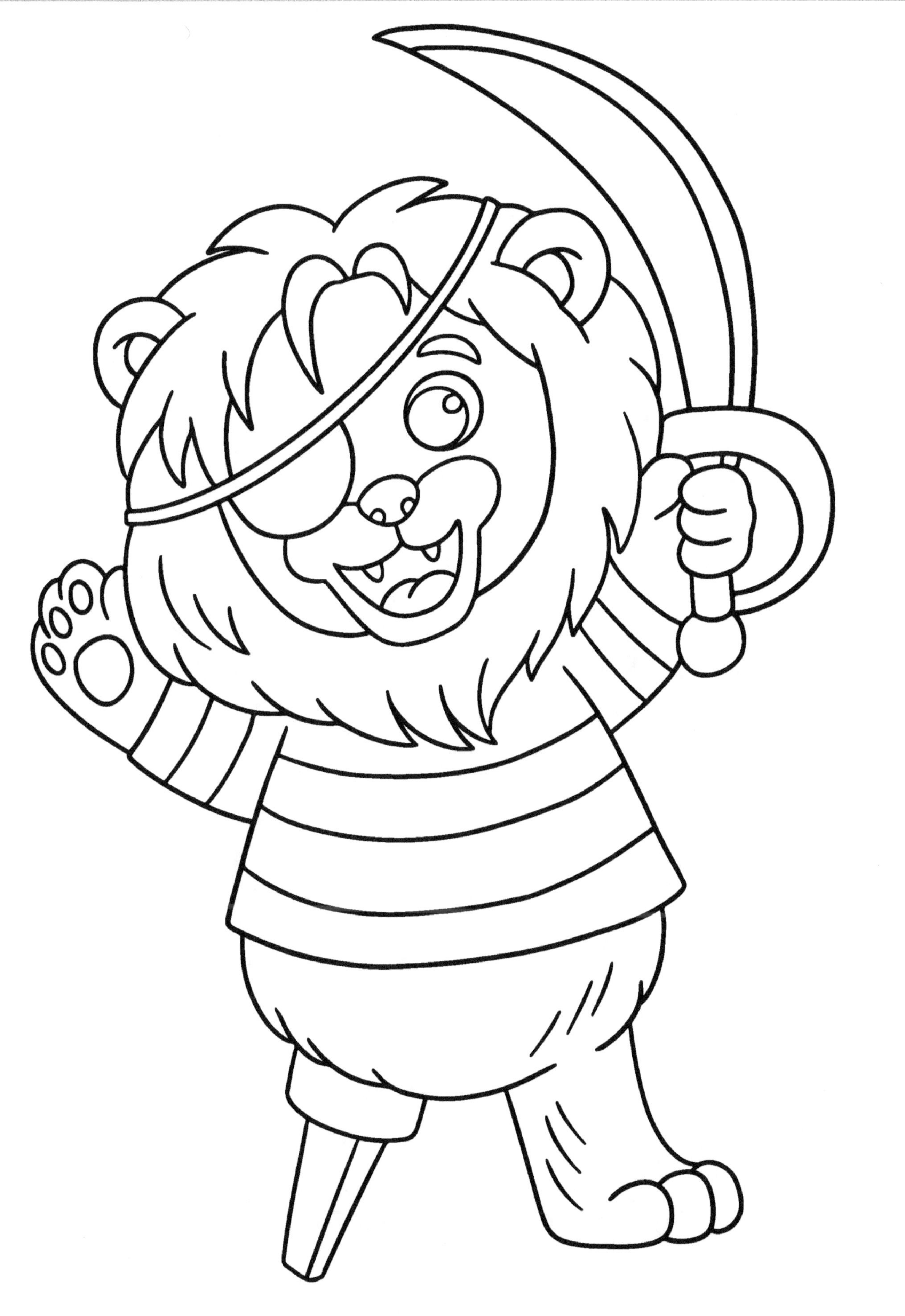

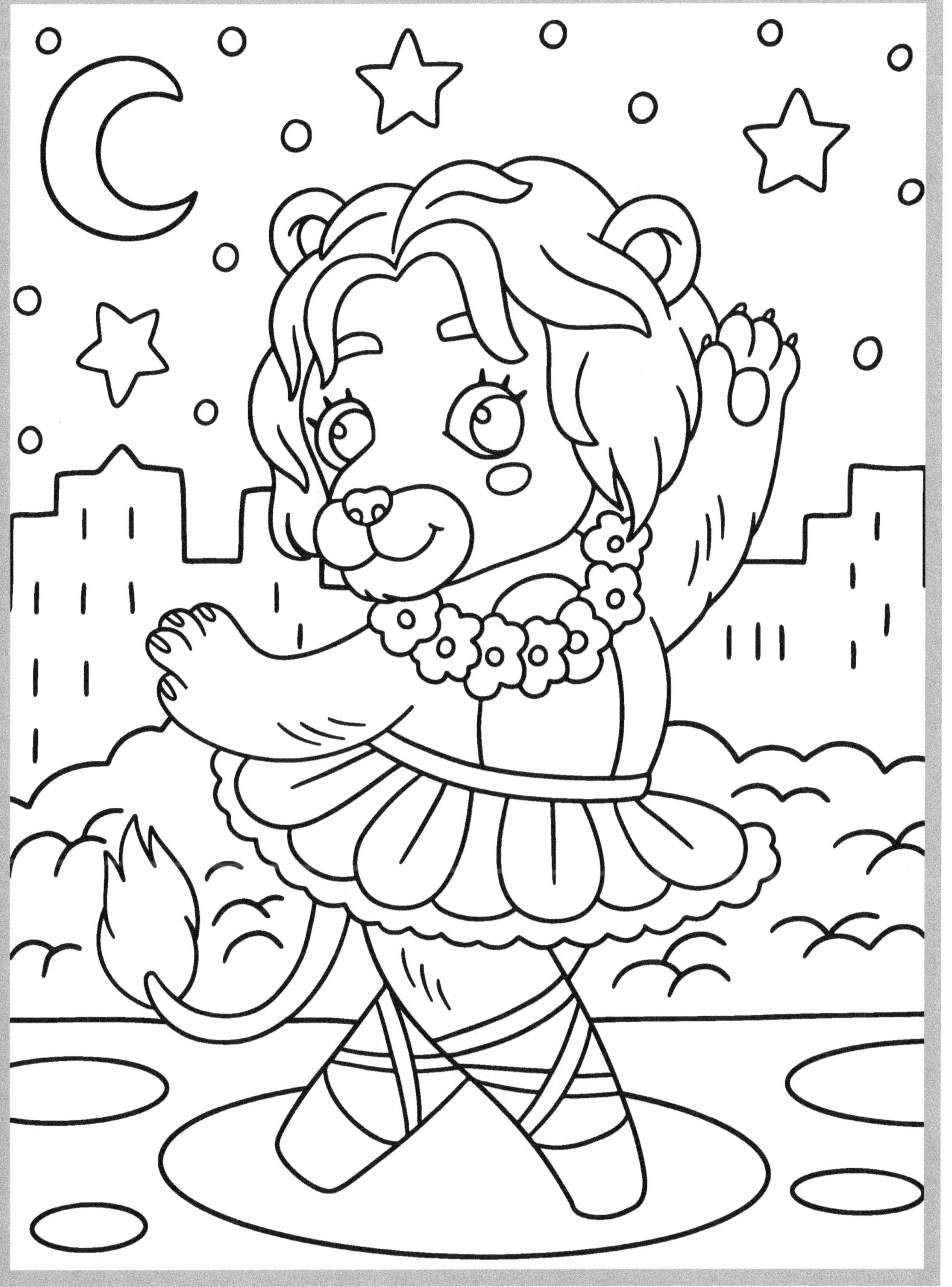

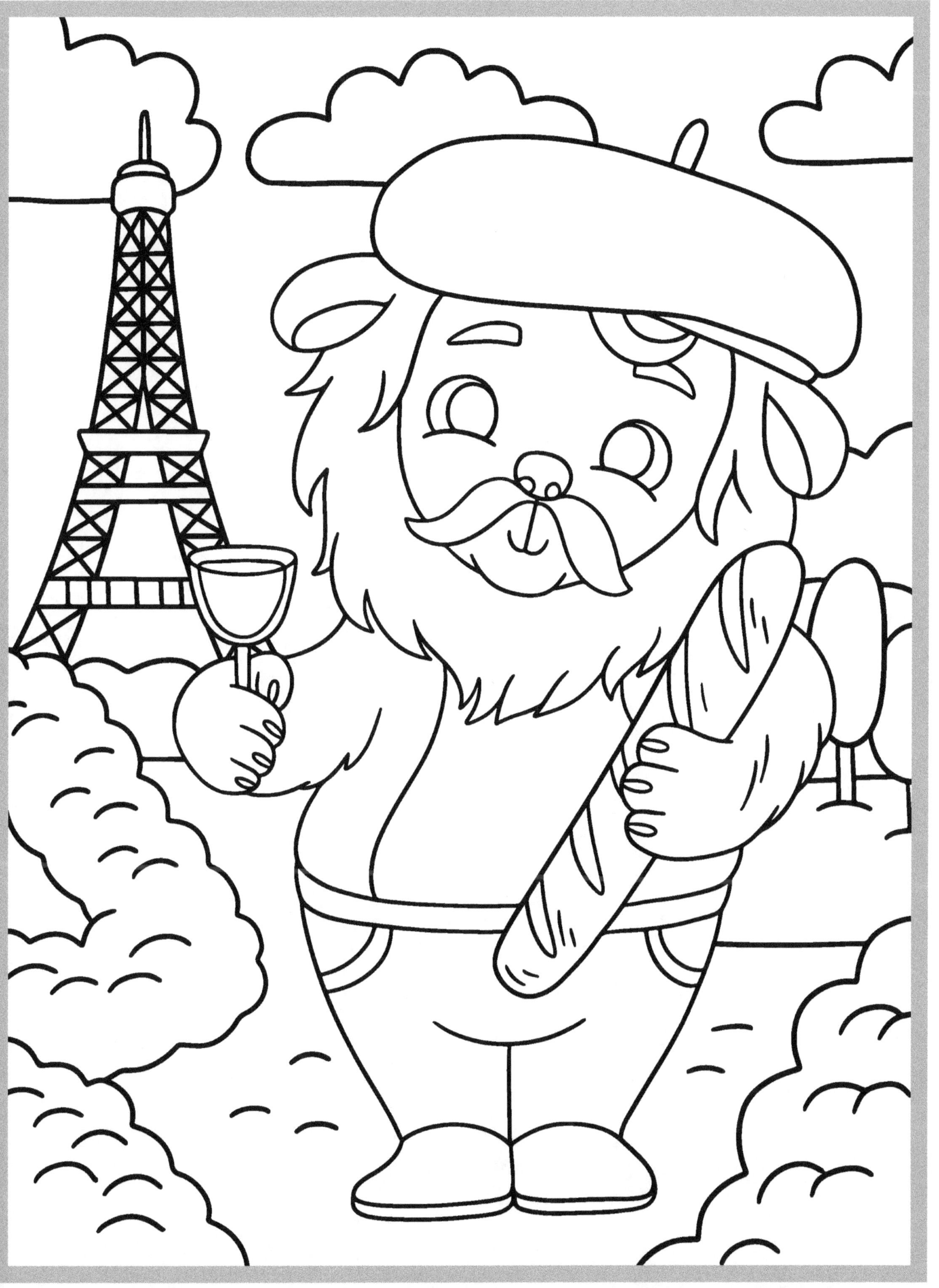

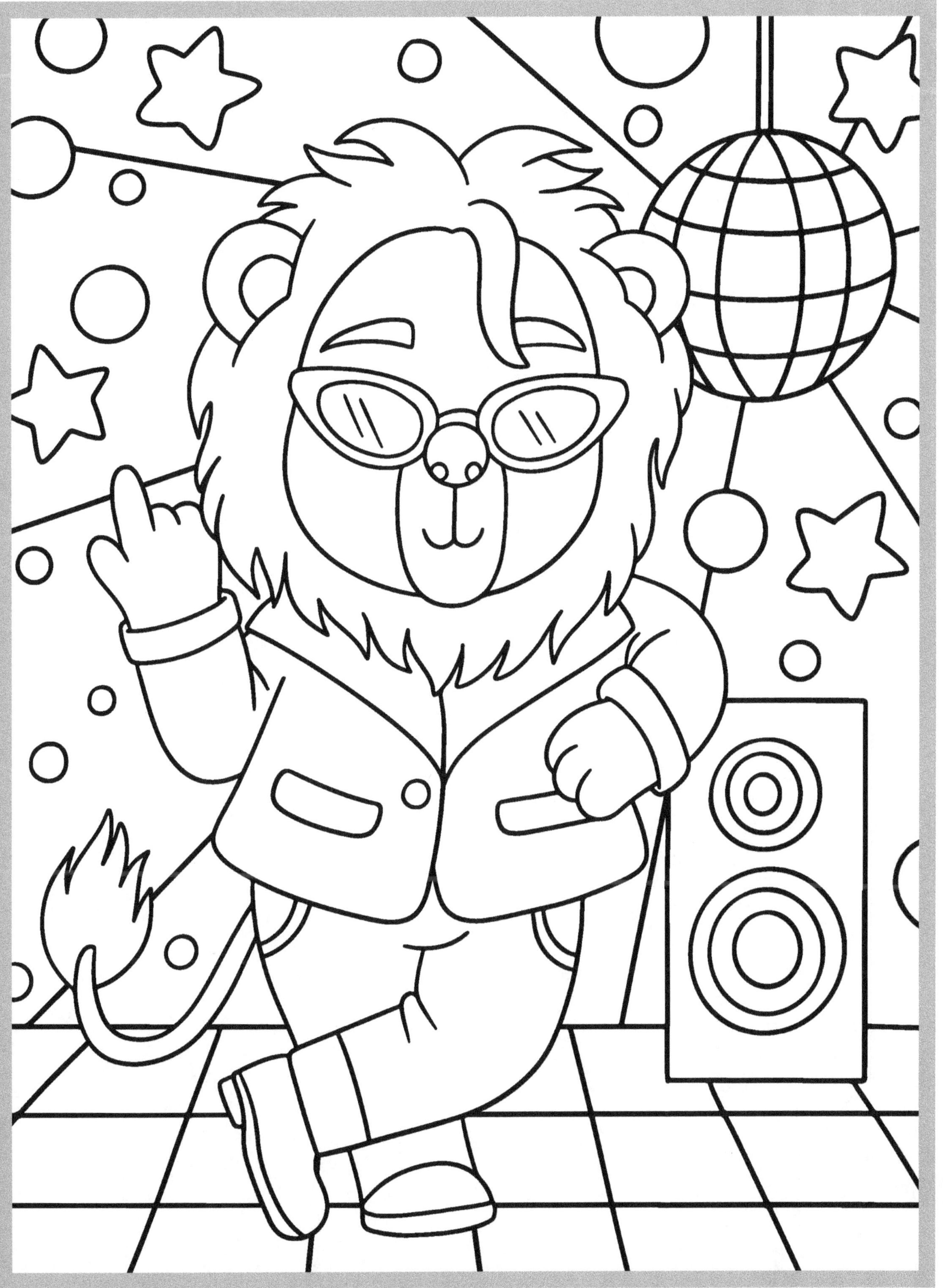

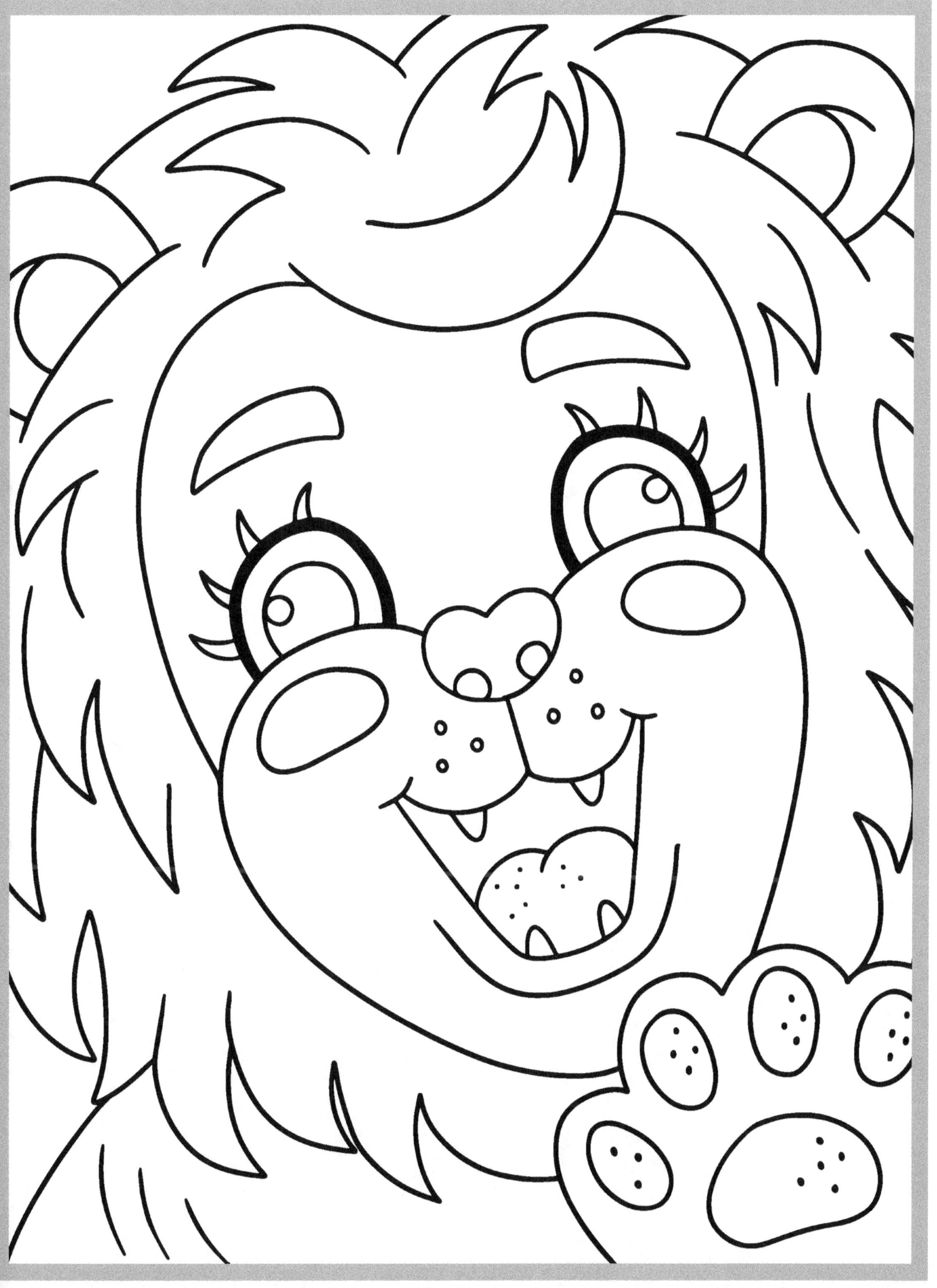

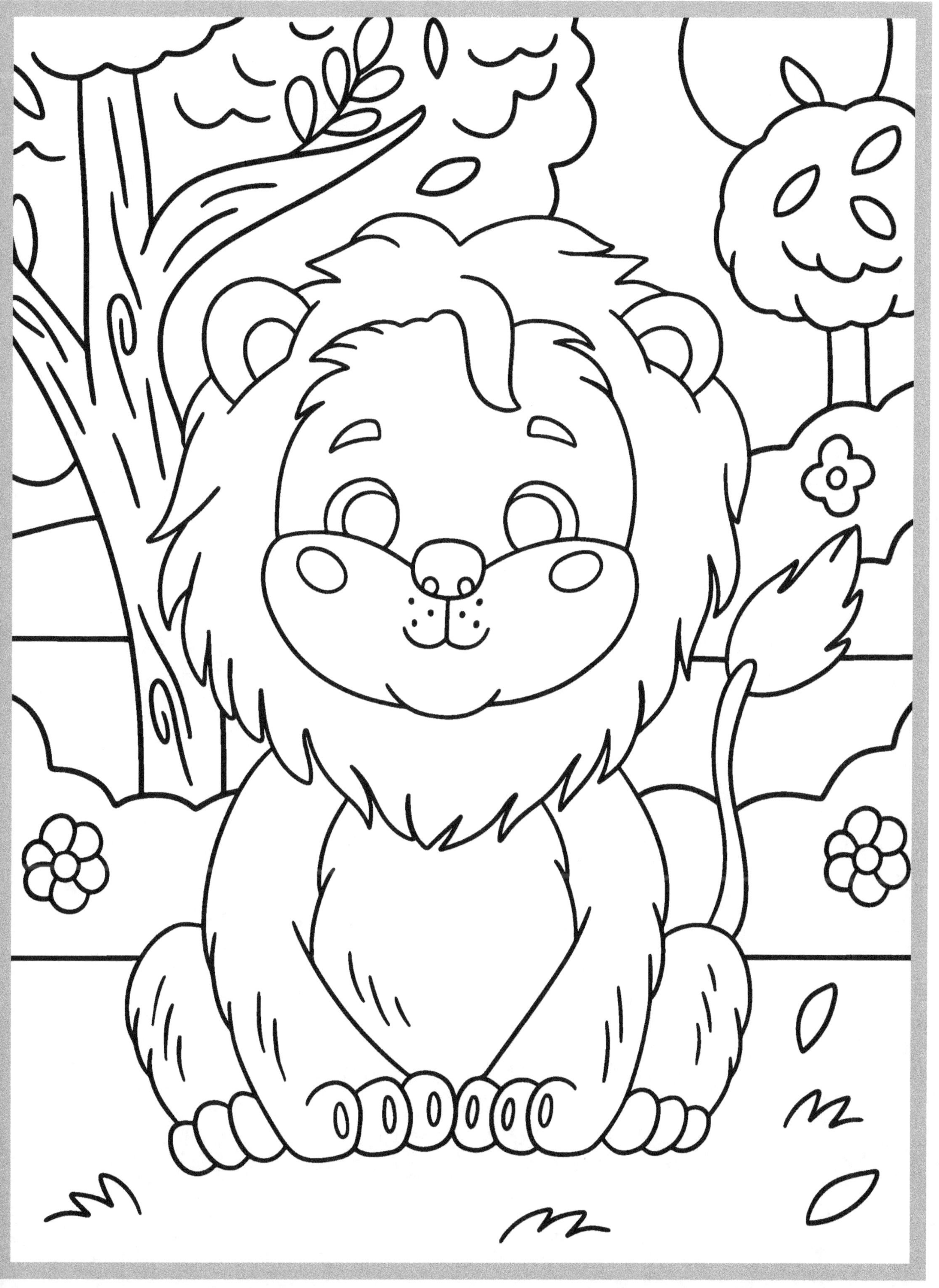

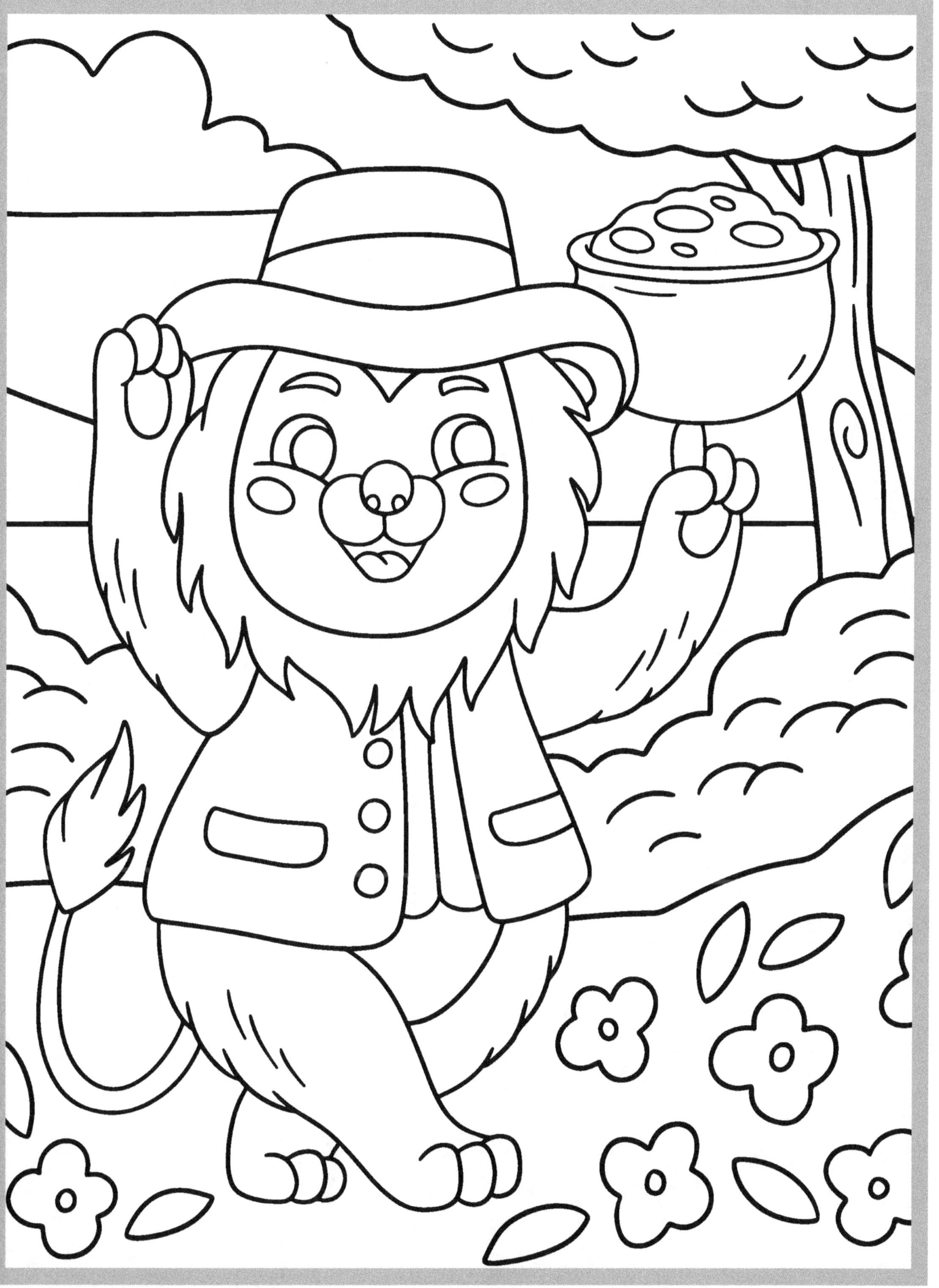

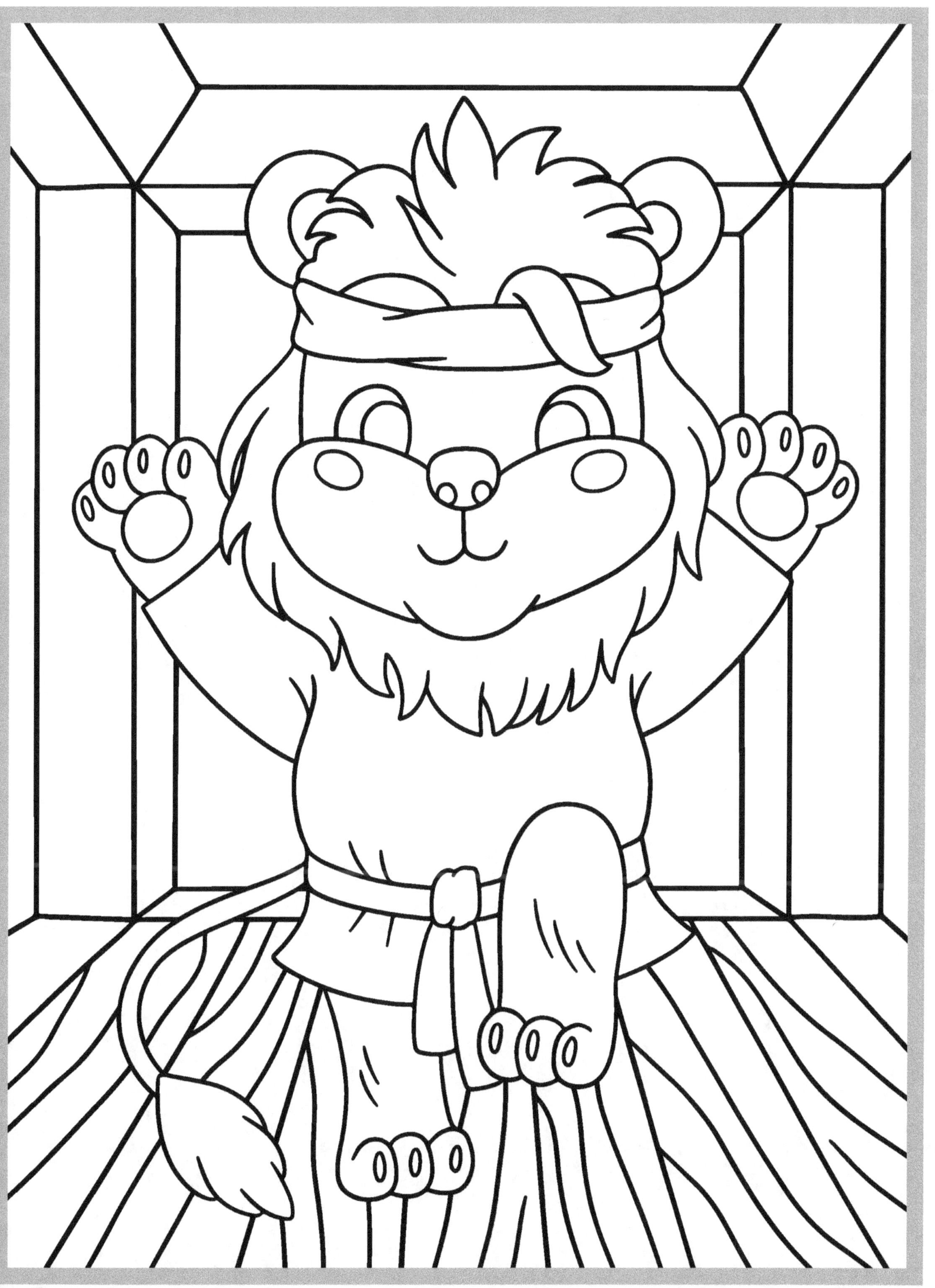

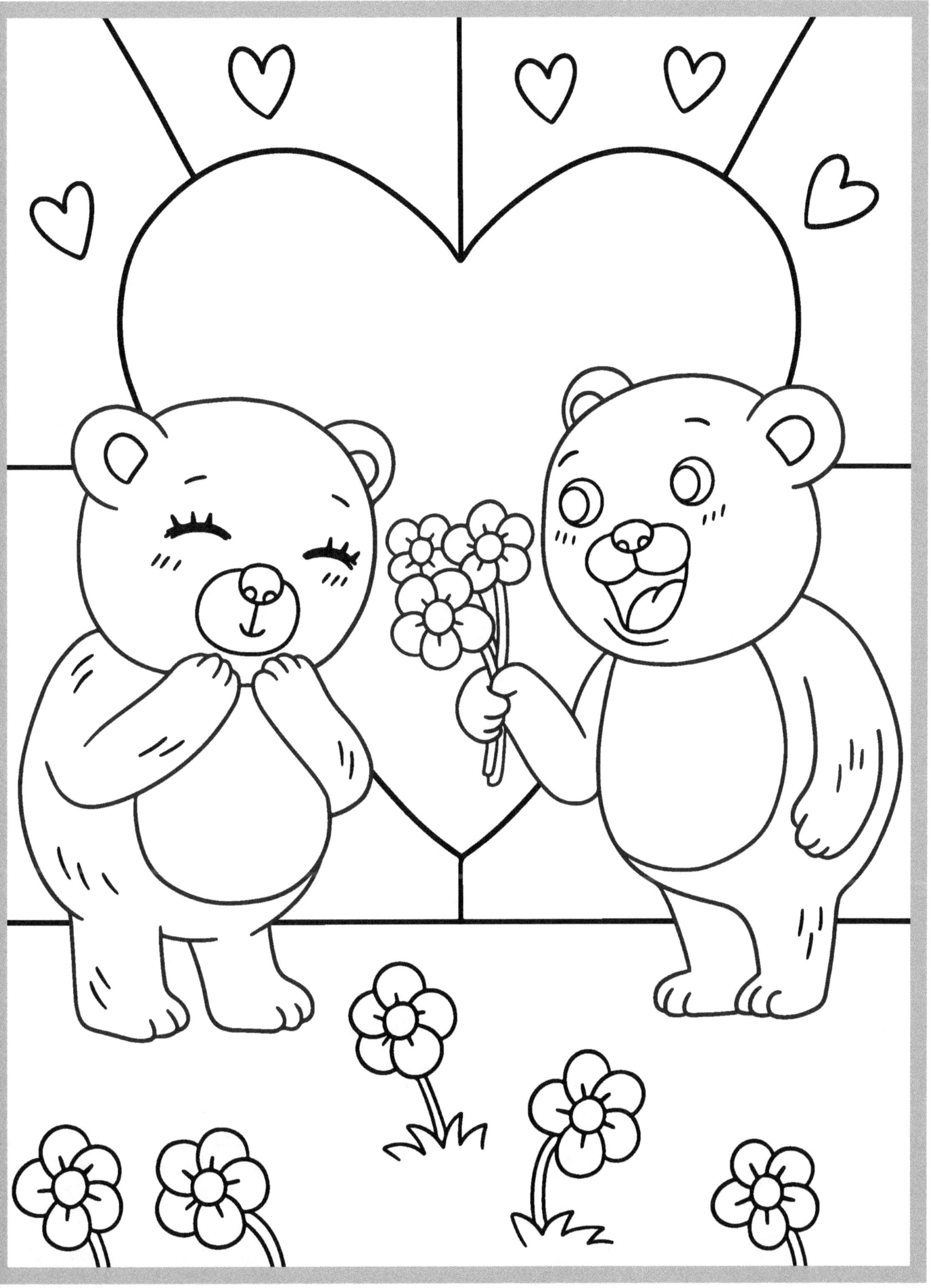

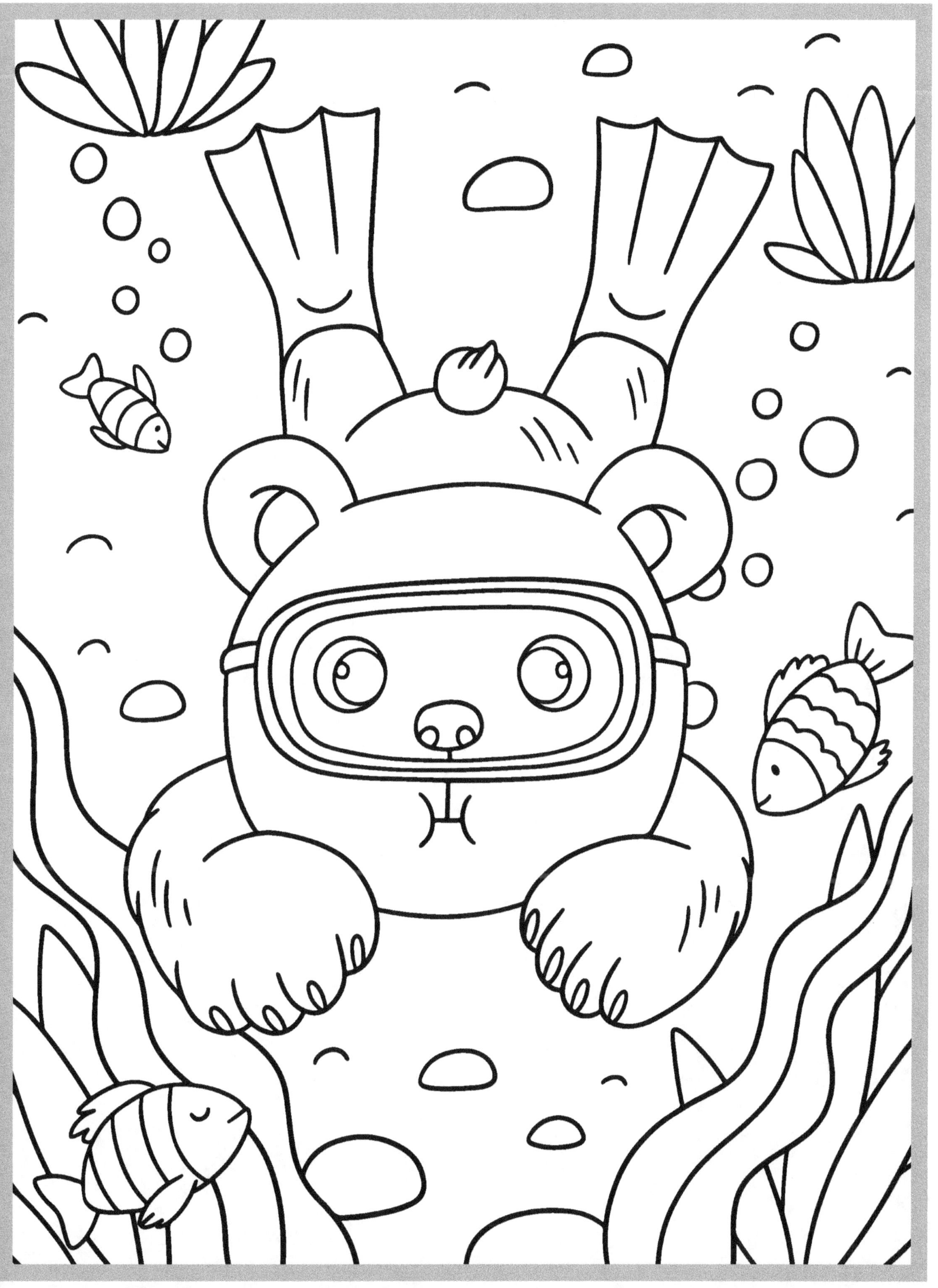

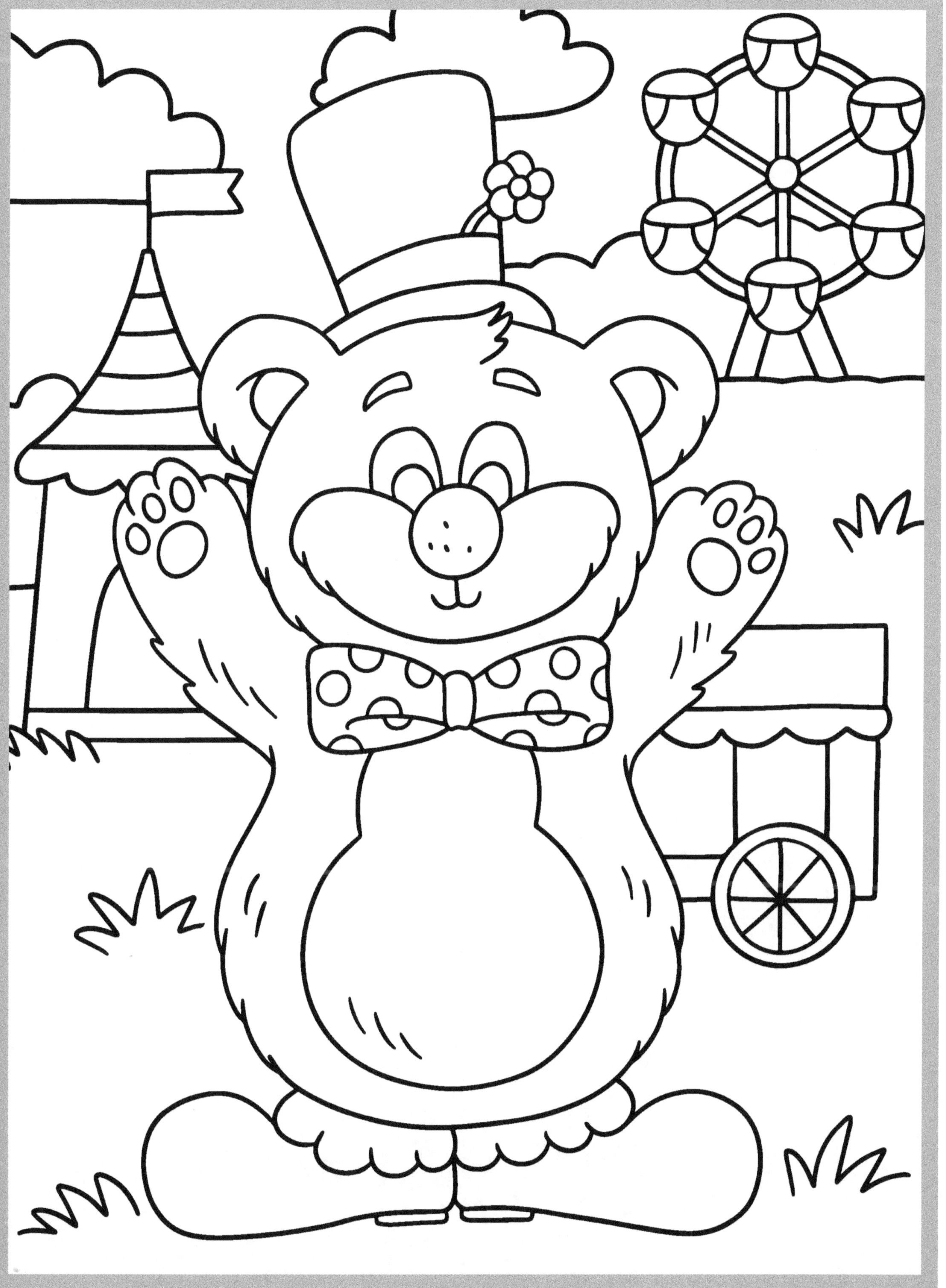

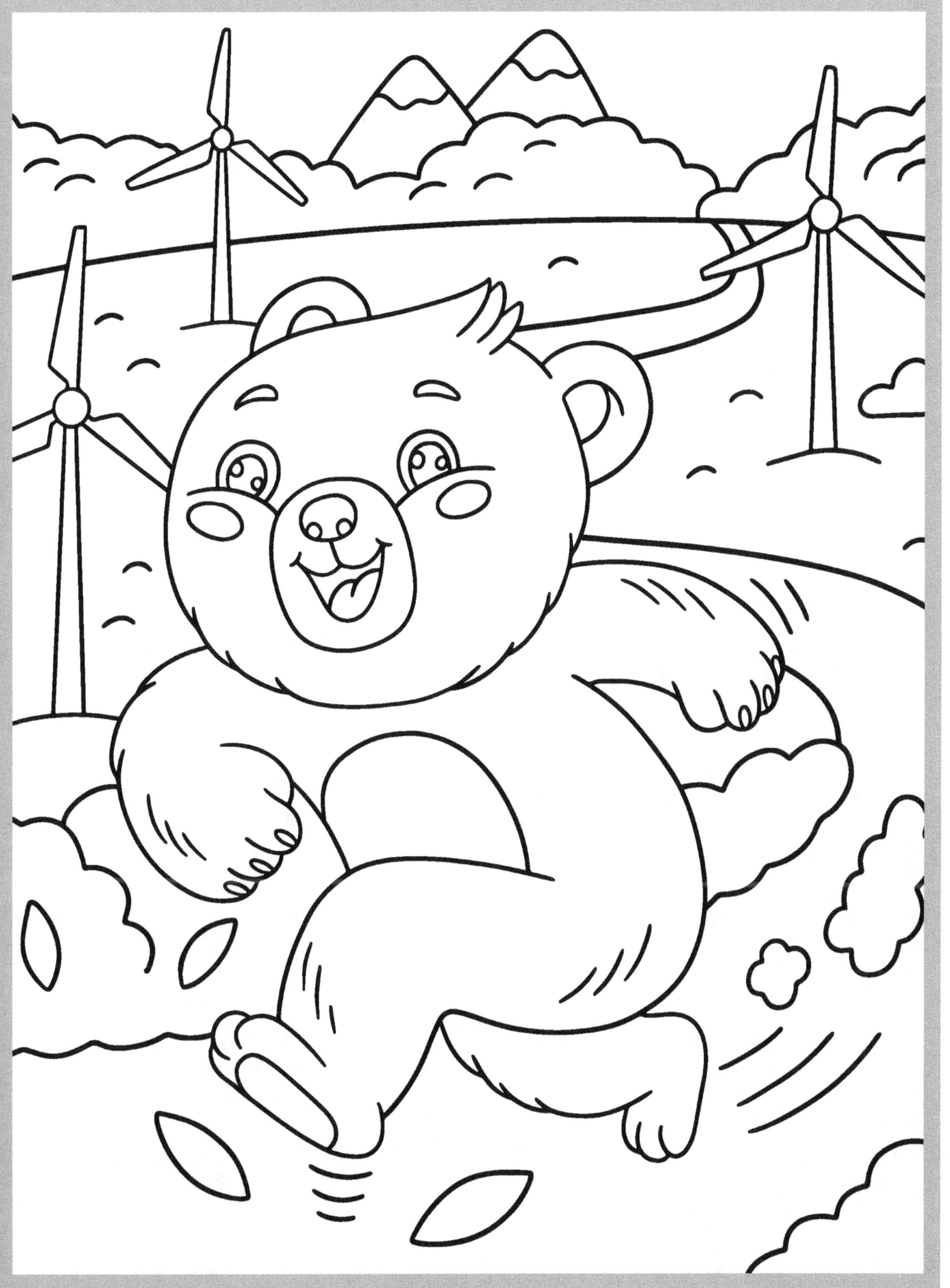

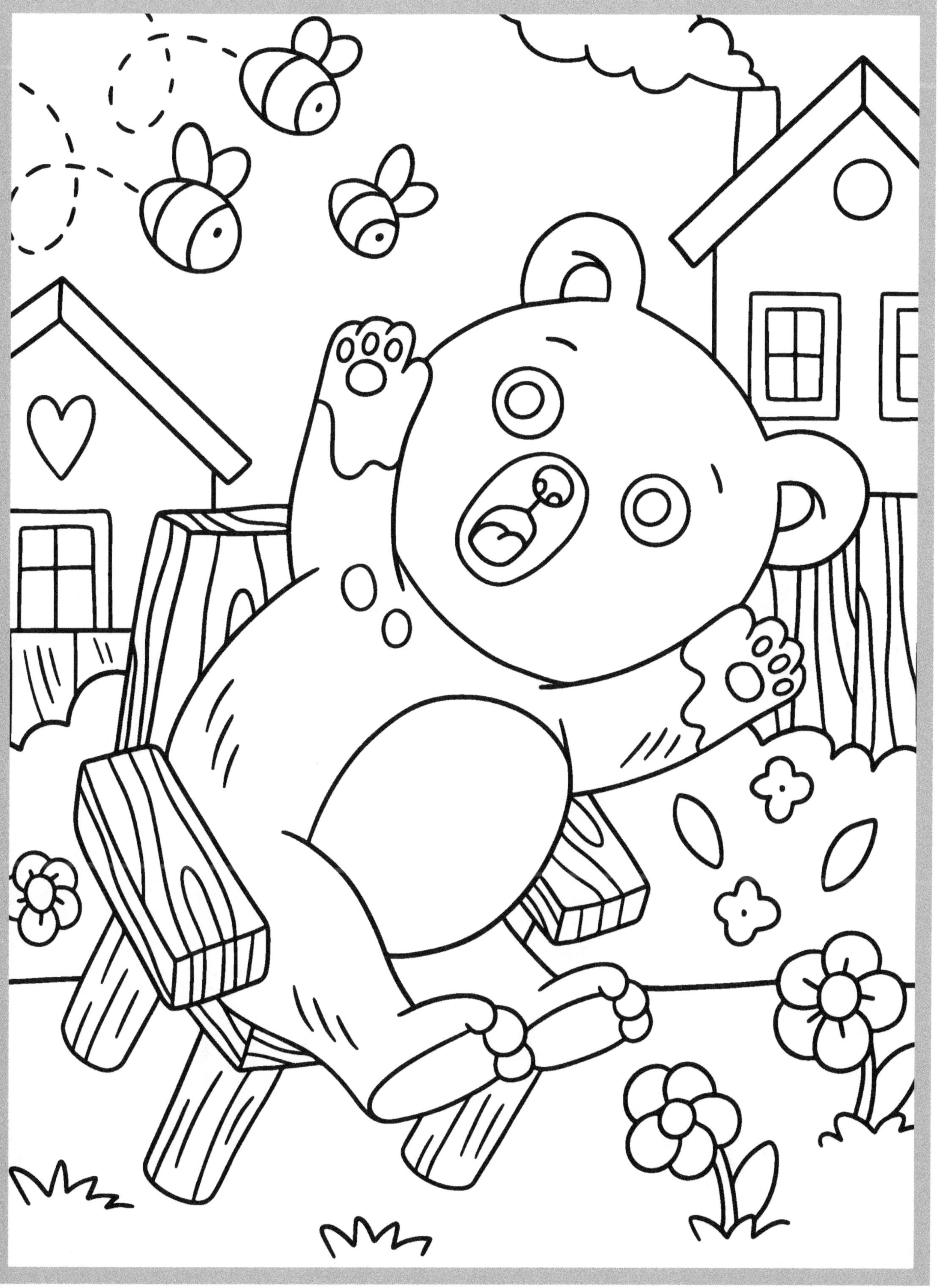

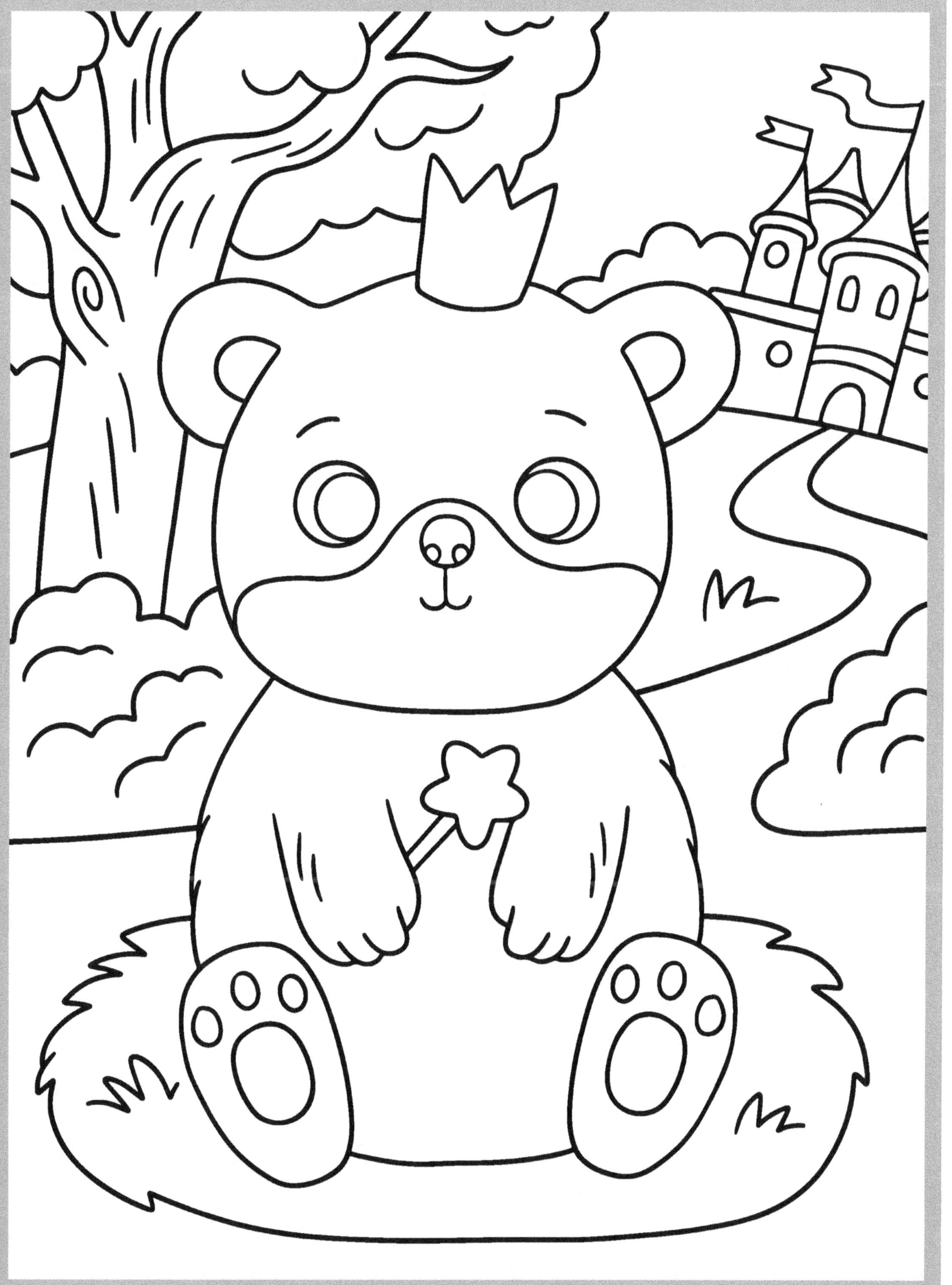

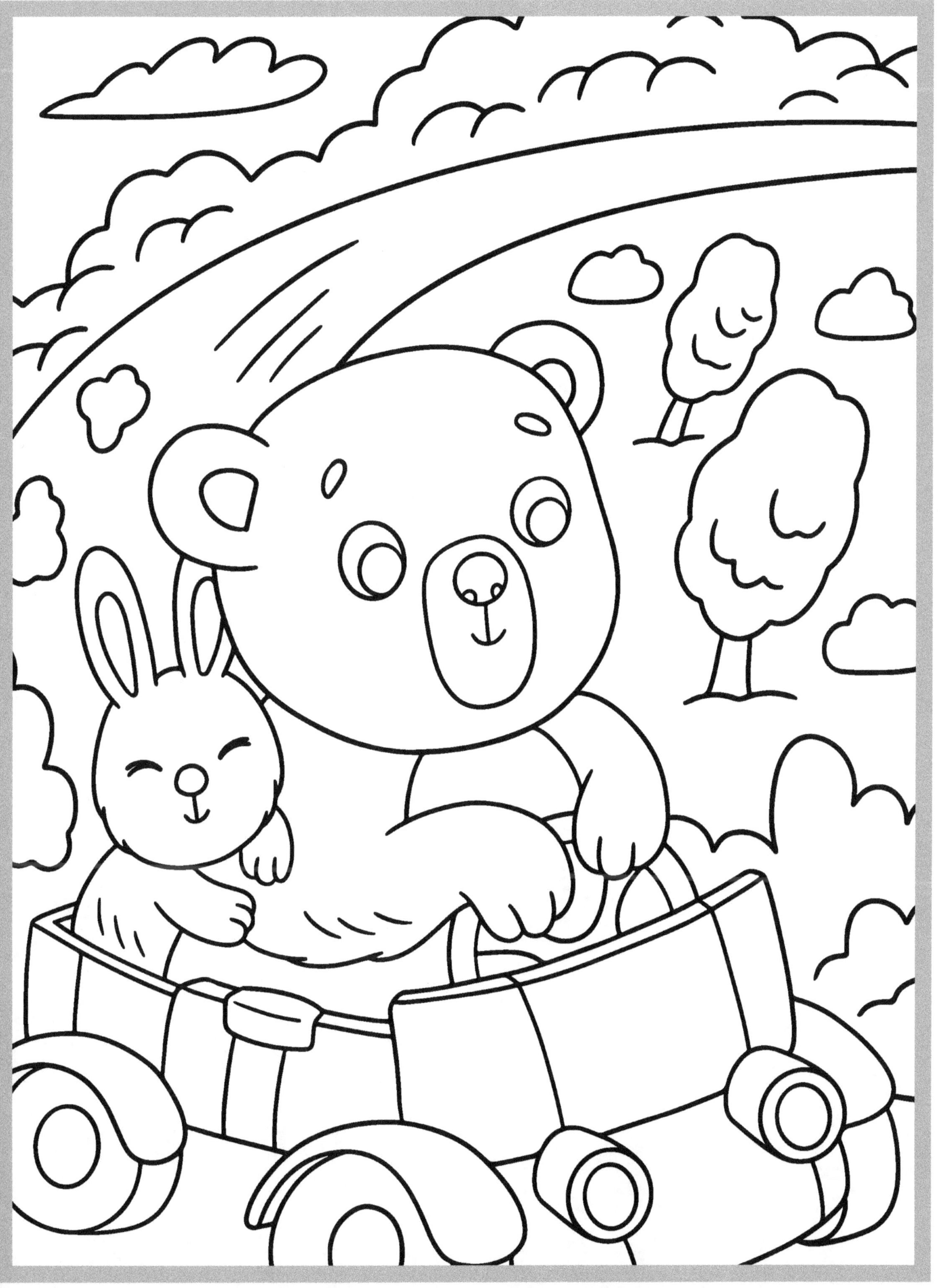

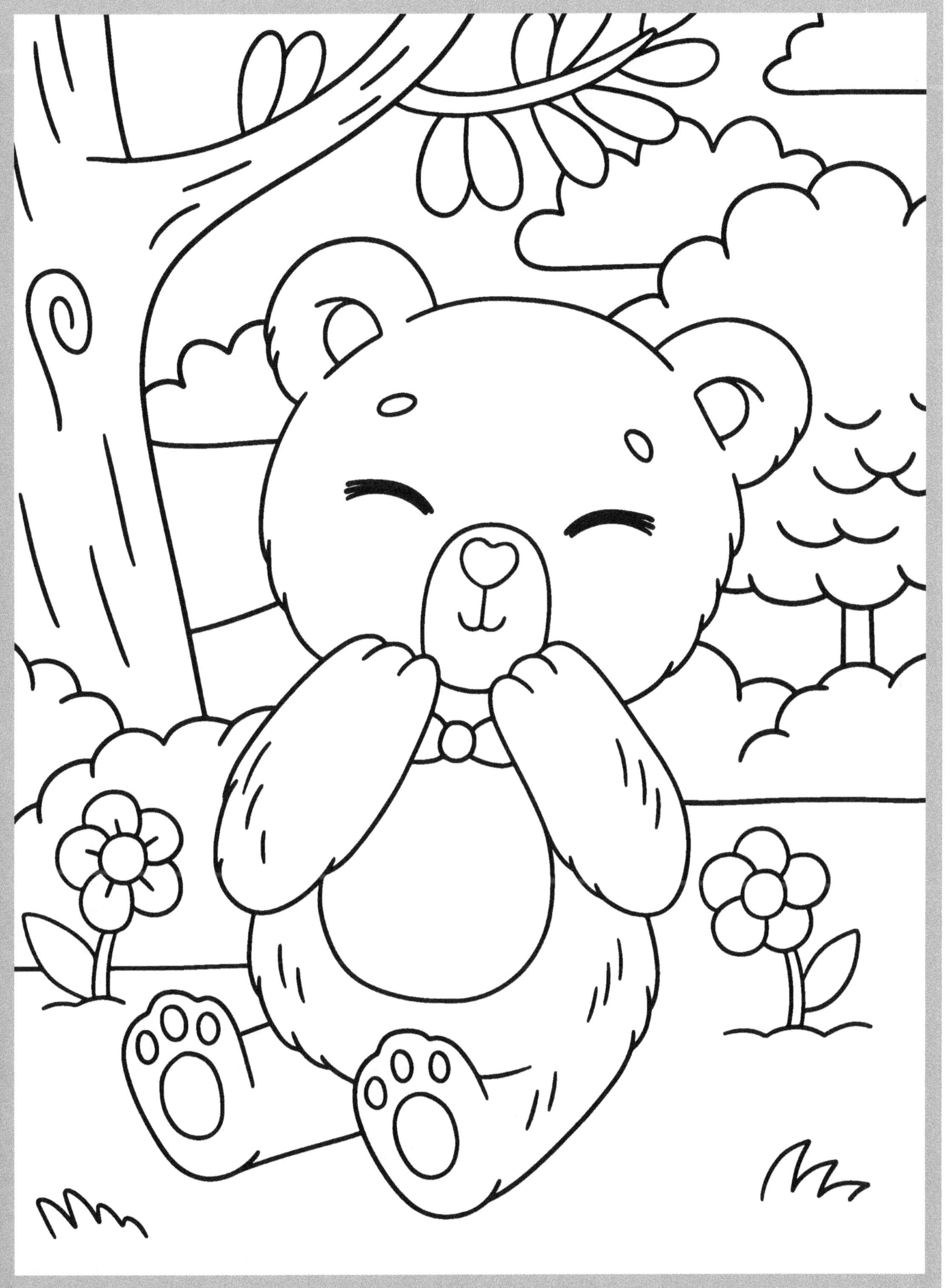

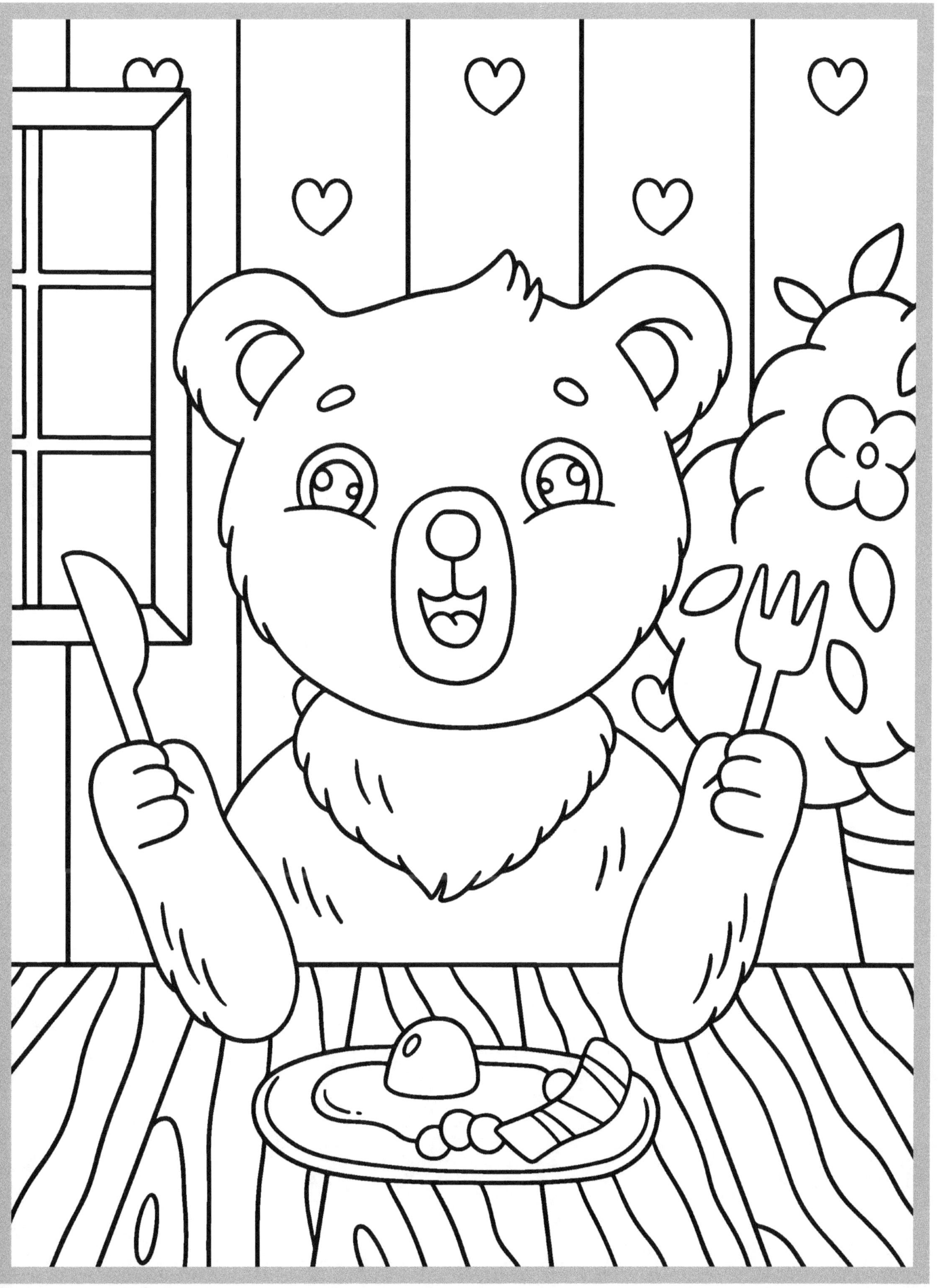

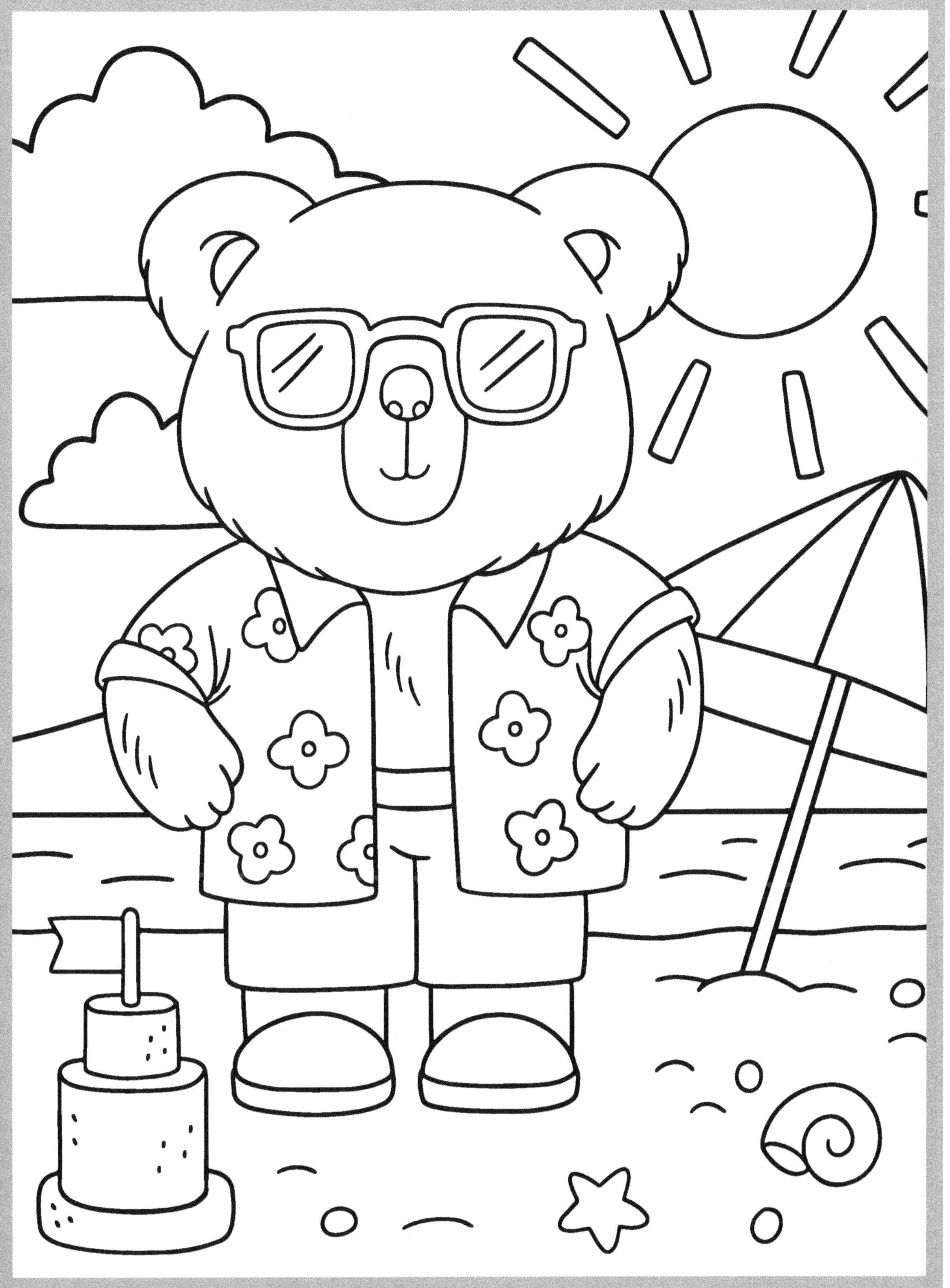

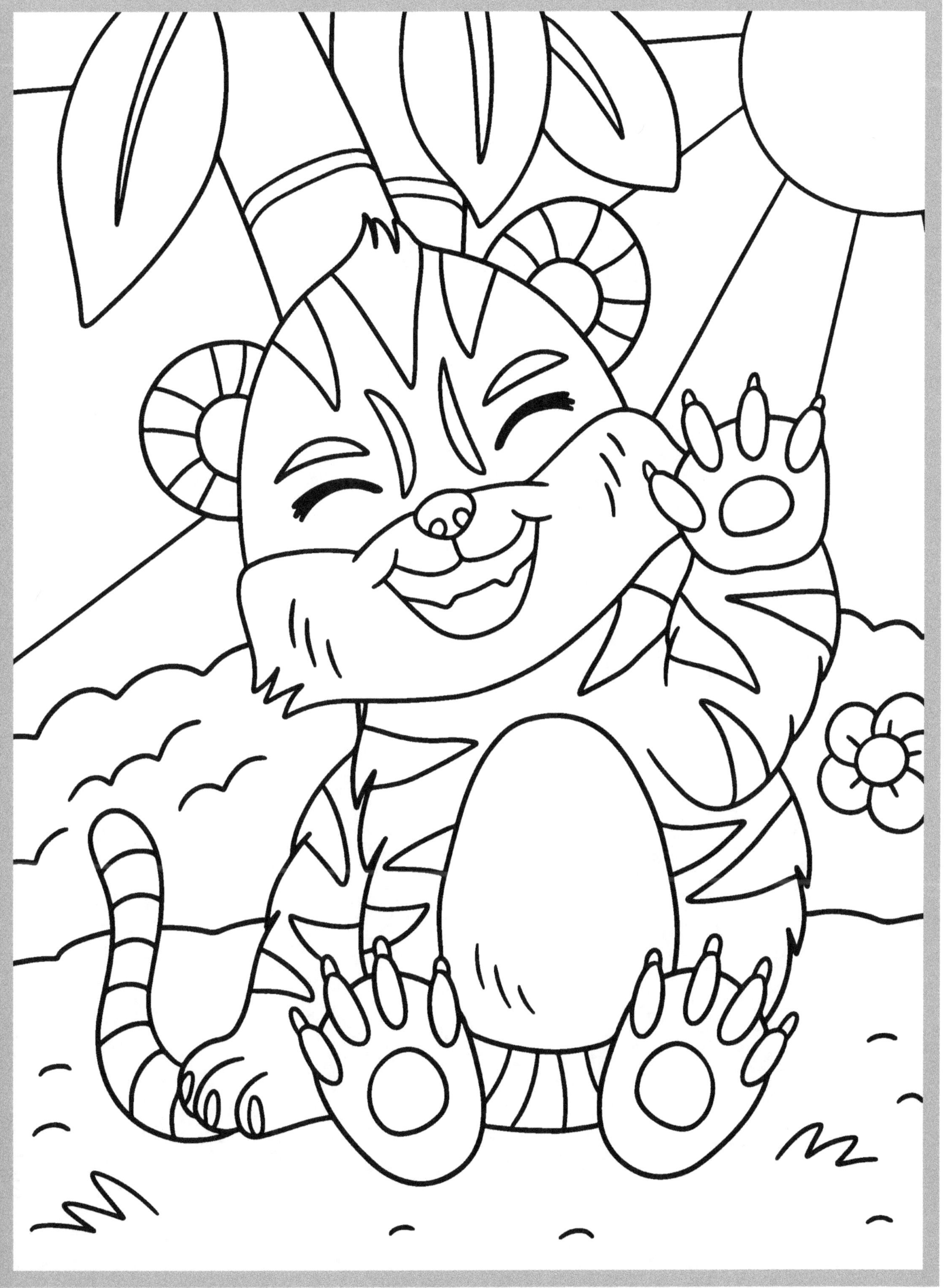

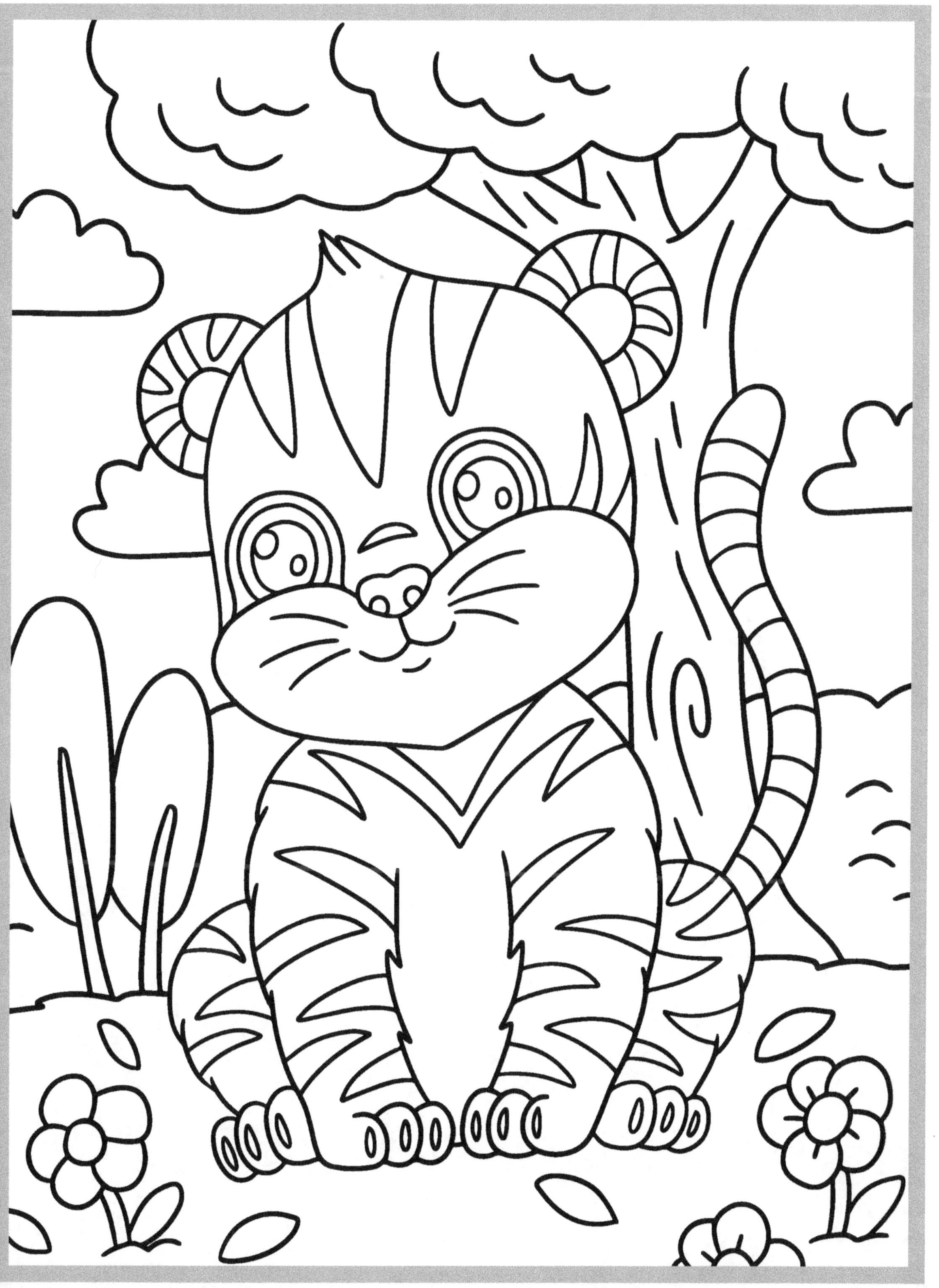

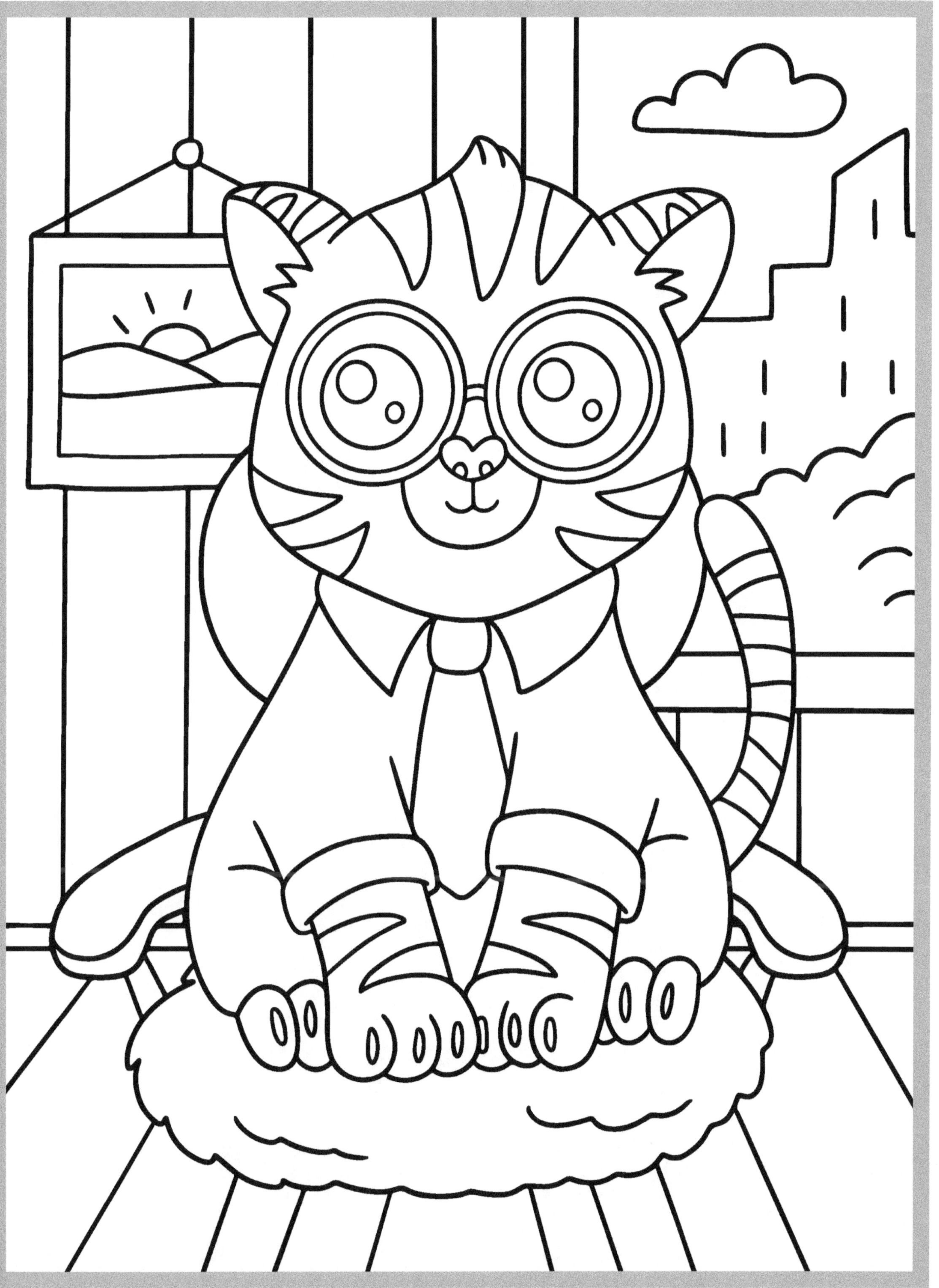

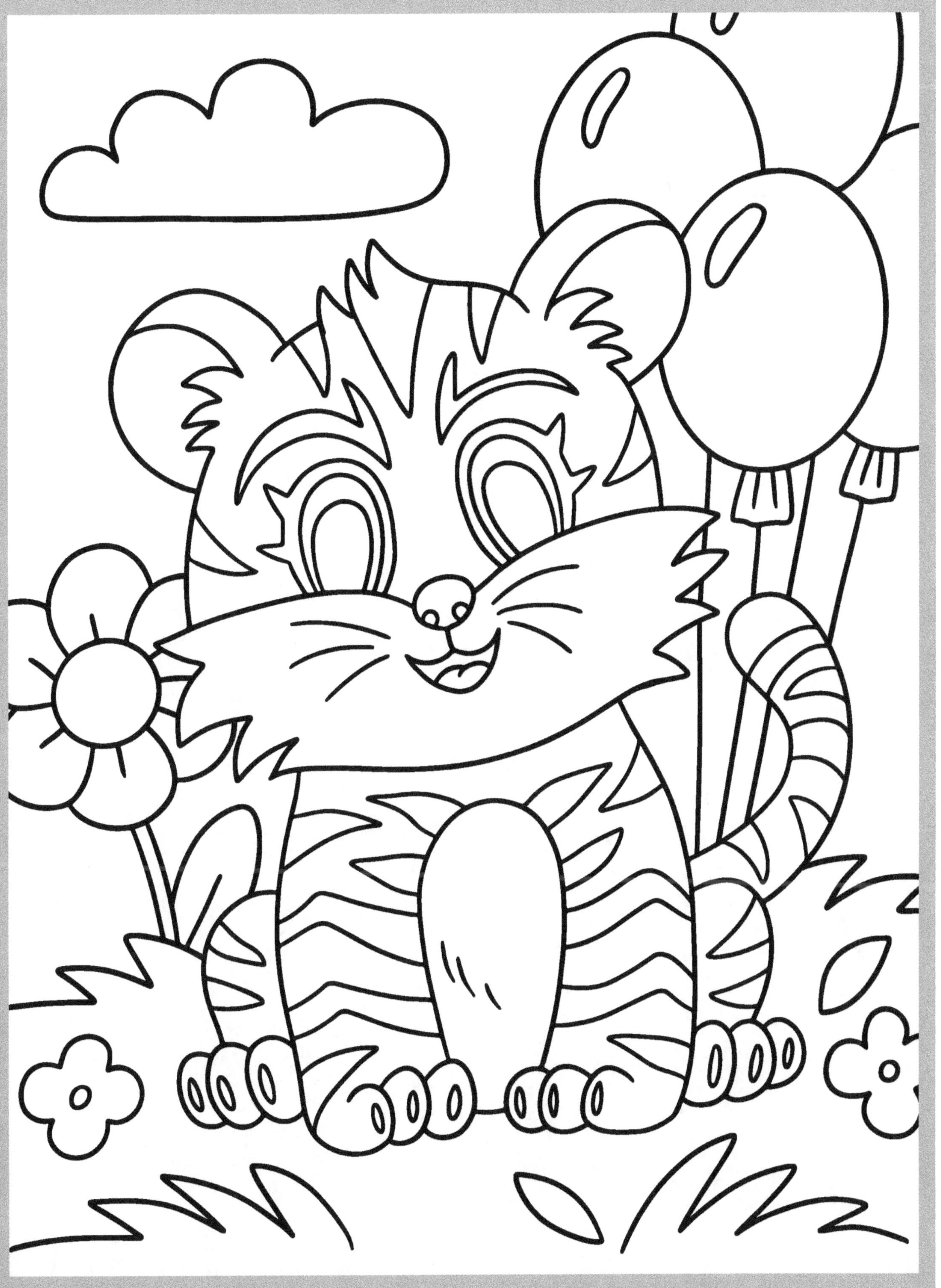

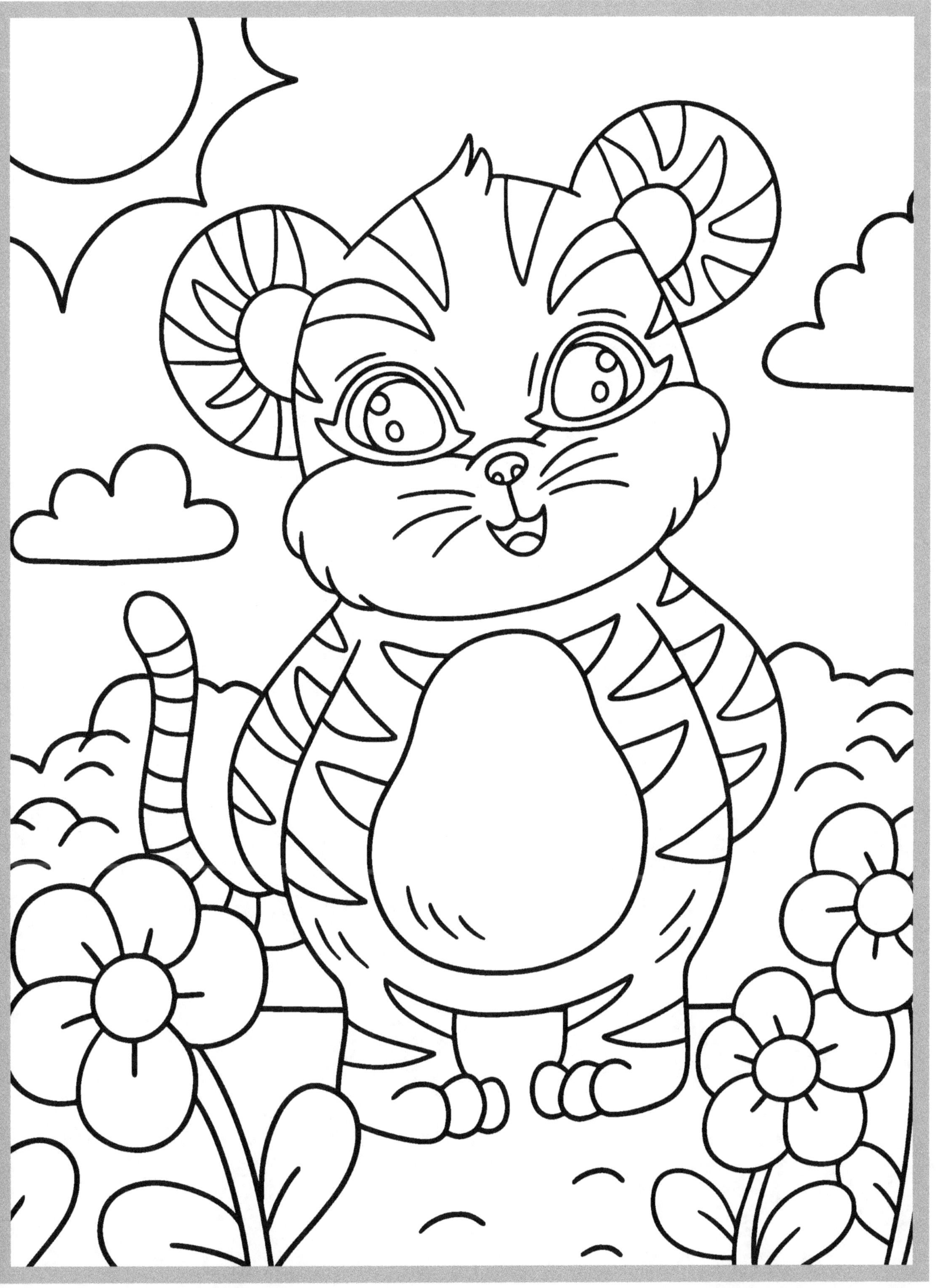

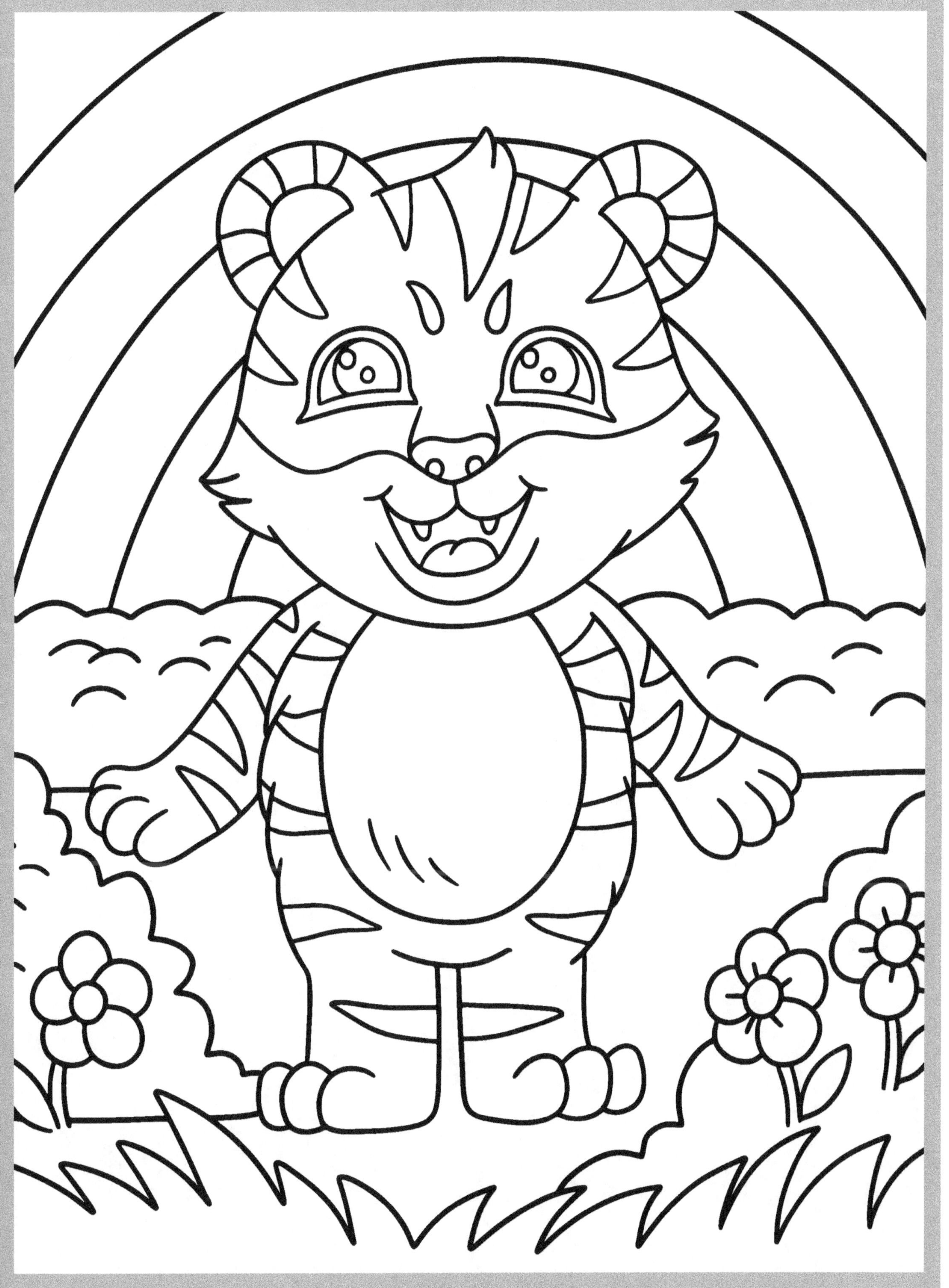

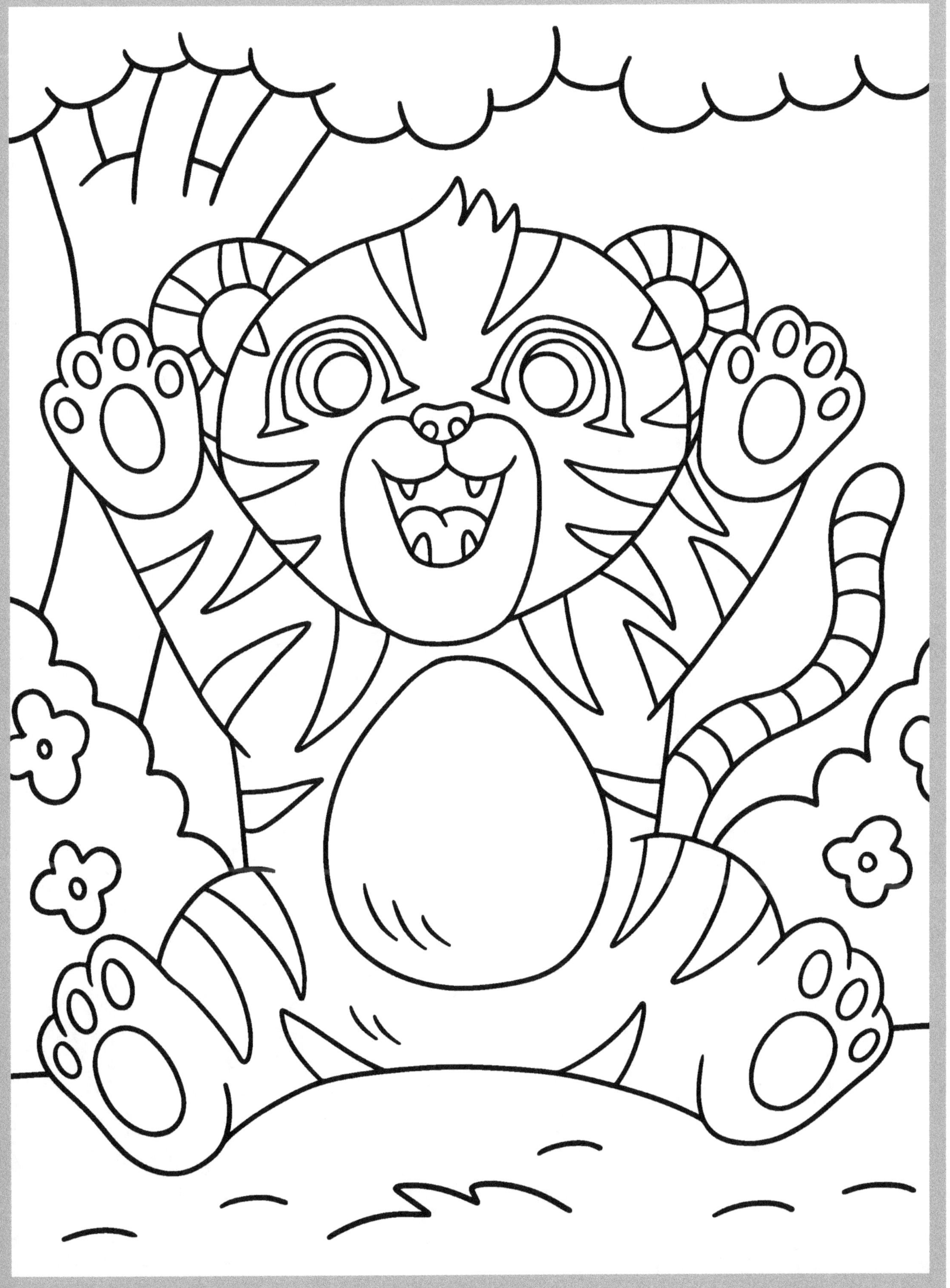

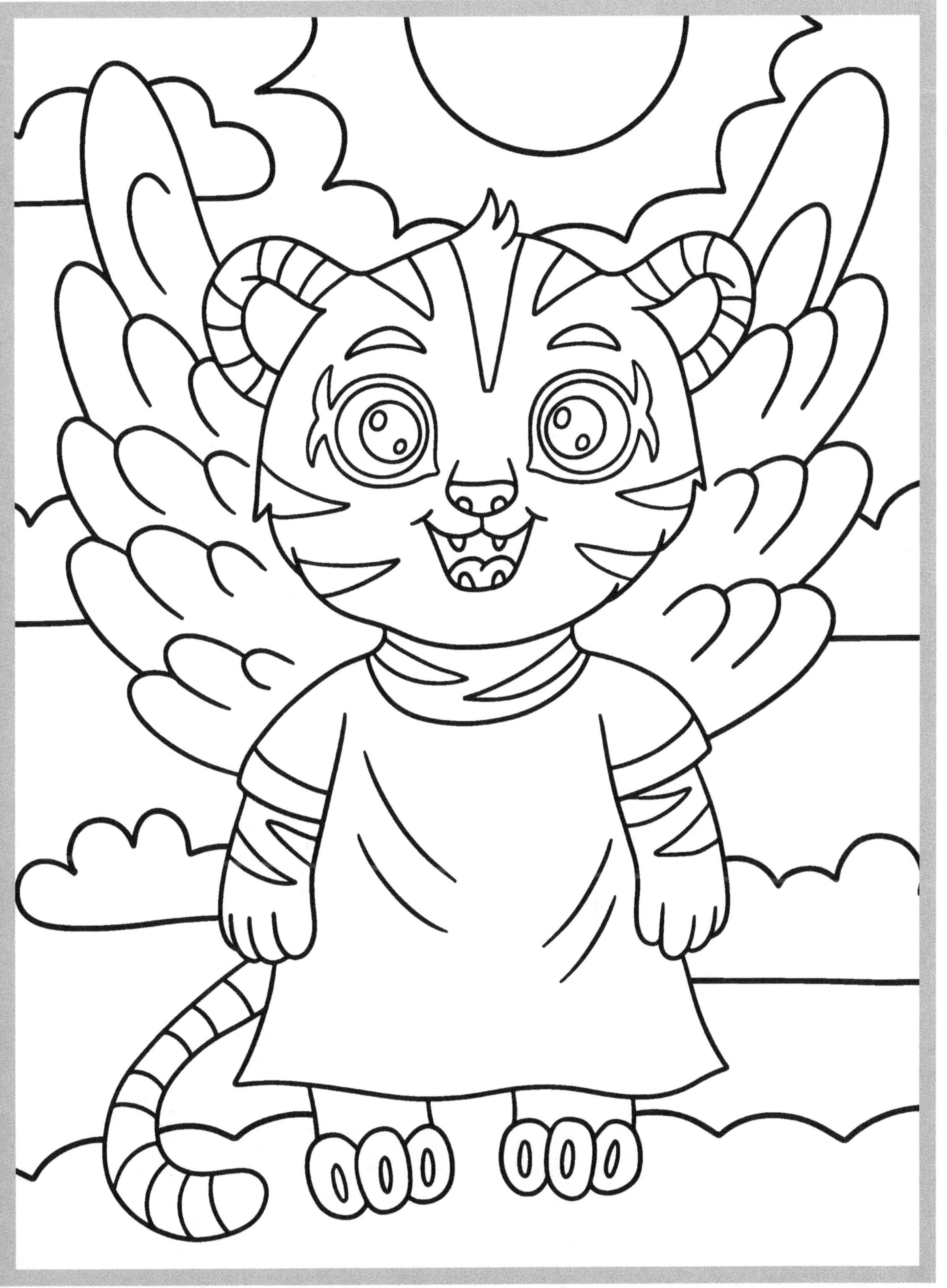

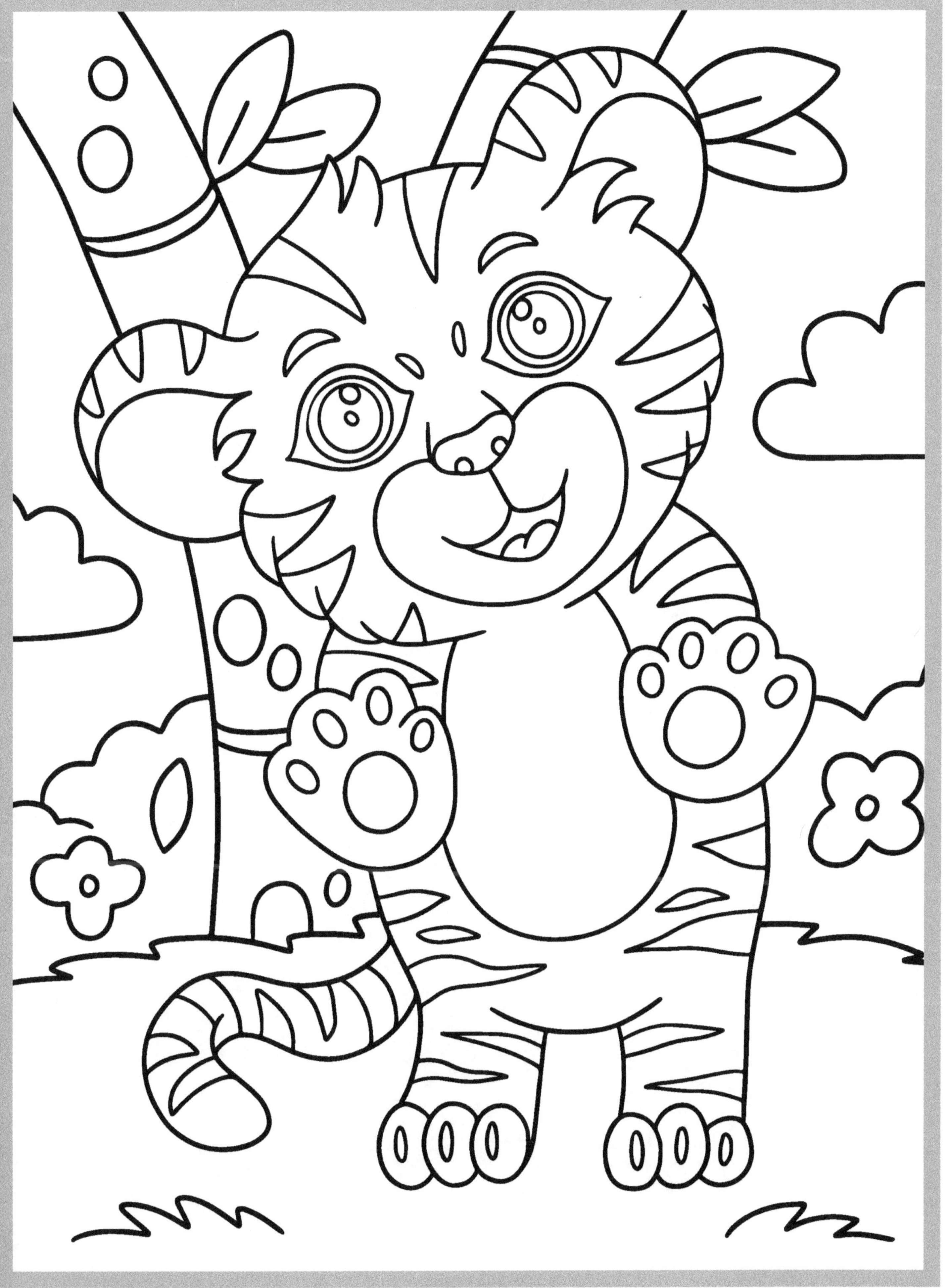

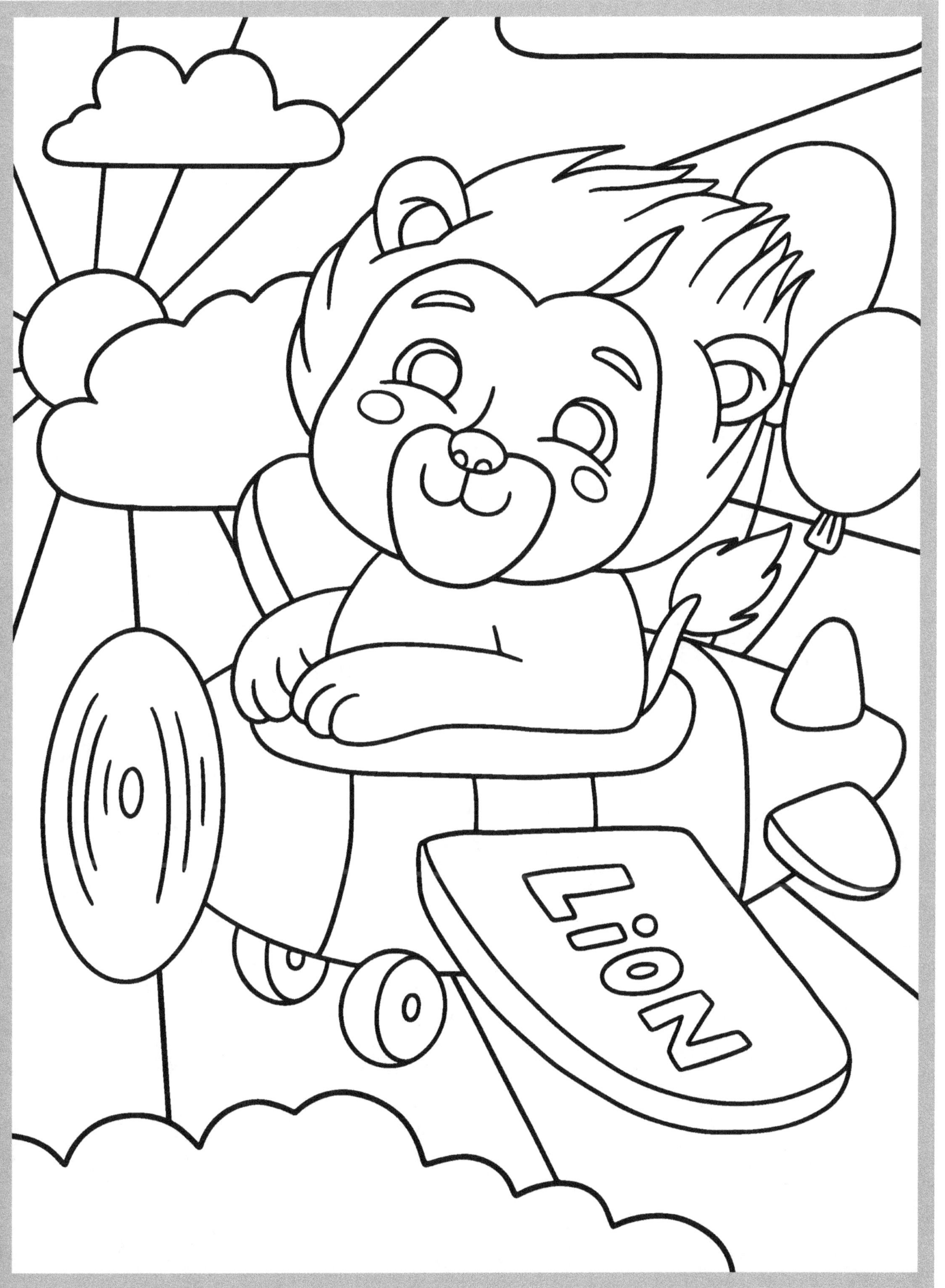

Lion

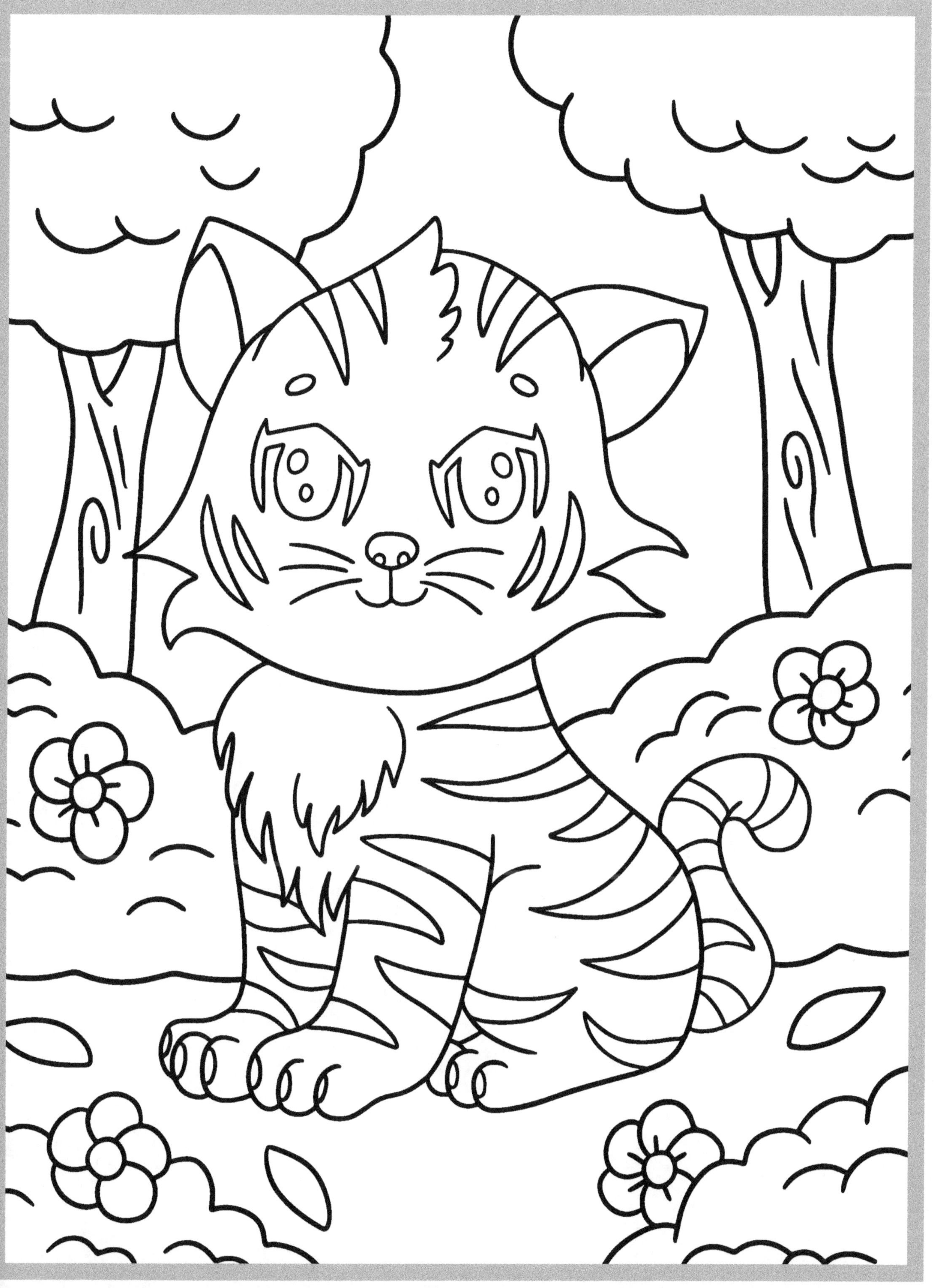

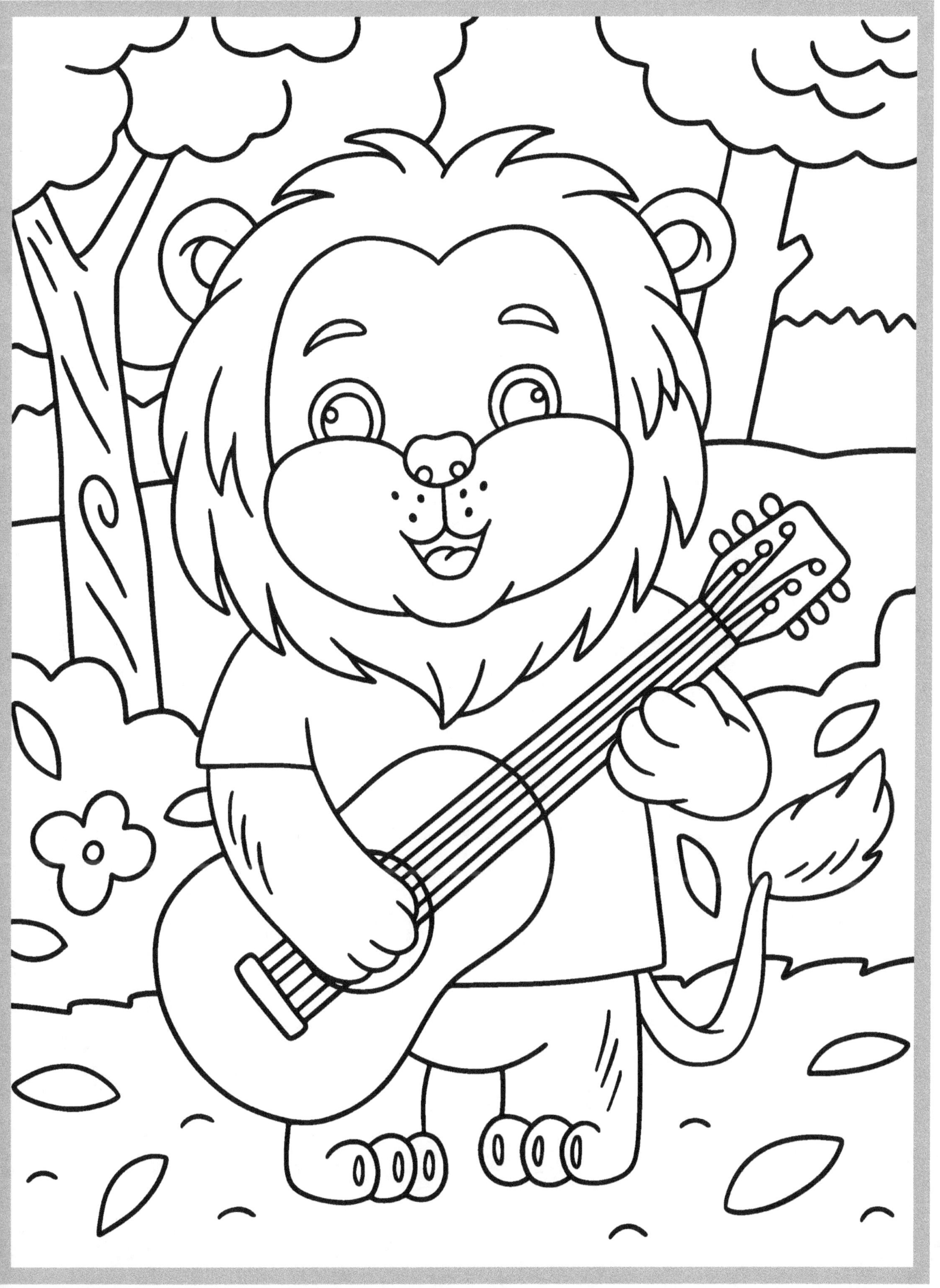

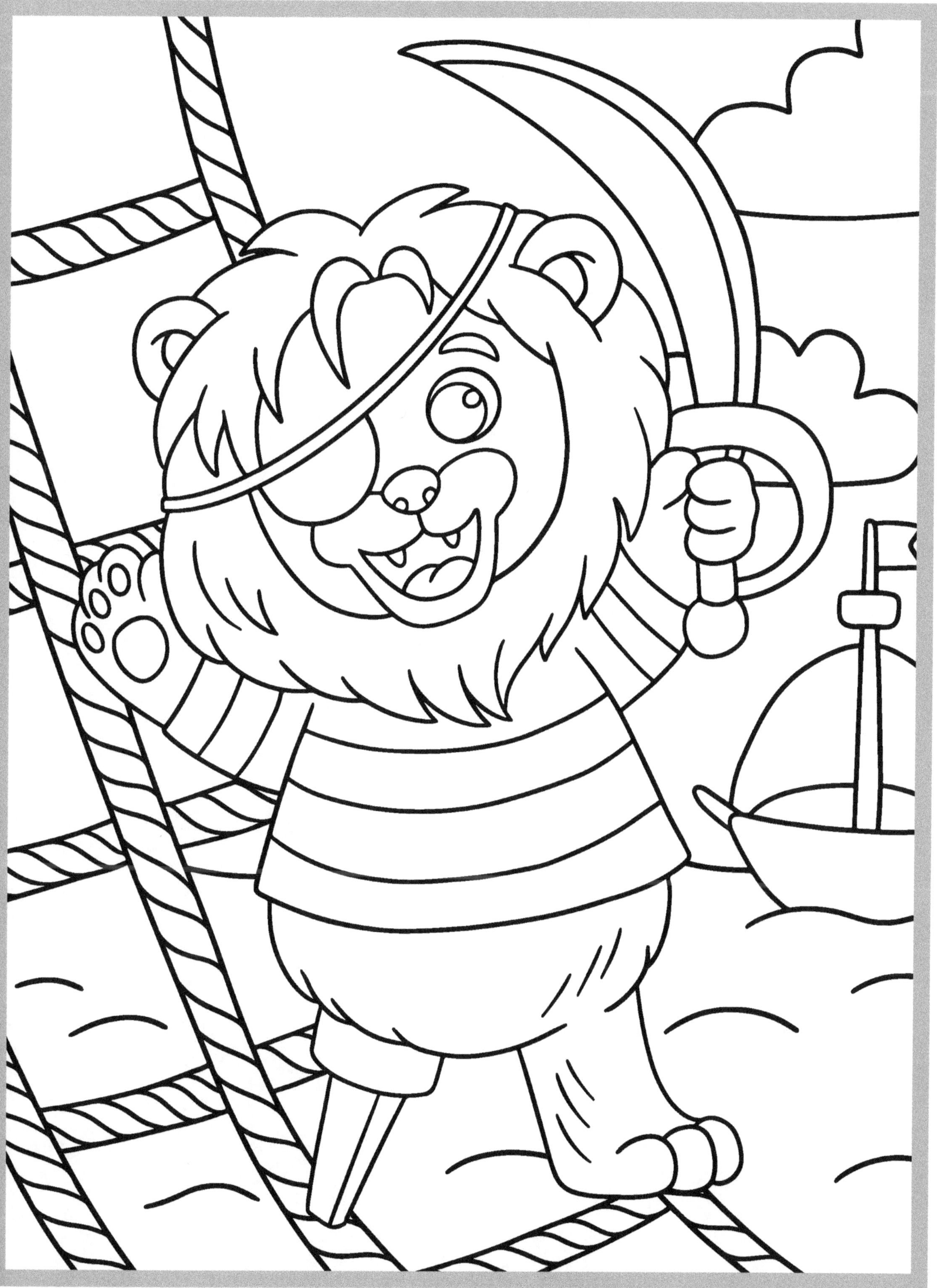